金牌销售都在这样做！

〔日〕伊庭正康——著

周世超——译

中国科学技术出版社

·北　京·

DEKIRU EIGYO WA, "KORE" SHIKA YARANAI
Copyright © 2021 by Masayasu IBA
First original Japanese edition published by PHP Institute, Inc., Japan.
Simplified Chinese translation rights arranged with PHP Institute, Inc.
through Shanghai To-Asia Culture Co., Ltd.

北京市版权局著作权合同登记　图字：01-2022-3983。

图书在版编目（CIP）数据

金牌销售都在这样做！/（日）伊庭正康著；周世
超译 . —北京：中国科学技术出版社，2023.6
　ISBN 978-7-5236-0146-4

　Ⅰ . ①金… Ⅱ . ①伊… ②周… Ⅲ . ①销售—方法
Ⅳ . ① F713.3

中国国家版本馆 CIP 数据核字（2023）第 052709 号

策划编辑	杜凡如　　王碧玉	
责任编辑	孙倩倩	
版式设计	蚂蚁设计	
封面设计	马筱琨	
责任校对	焦　宁	
责任印制	李晓霖	

出　　版	中国科学技术出版社	
发　　行	中国科学技术出版社有限公司发行部	
地　　址	北京市海淀区中关村南大街 16 号	
邮　　编	100081	
发行电话	010-62173865	
传　　真	010-62173081	
网　　址	http://www.cspbooks.com.cn	

开　　本	880mm × 1230mm　　1/32	
字　　数	160 千字	
印　　张	8	
版　　次	2023 年 6 月第 1 版	
印　　次	2023 年 6 月第 1 次印刷	
印　　刷	北京盛通印刷股份有限公司	
书　　号	ISBN 978-7-5236-0146-4/F·1133	
定　　价	59.00 元	

🏆 没有比销售更有意思的工作了

这么说也许会挨骂，但是我还是要说，"没有比销售更有意思的工作了"。

我没有骗你们，这是我的真实想法。

因为，即使是我这样笨拙、认生的人，也能像玩游戏一样享受销售这个过程，还能取得不错的成果，更重要的是能得到客户的感谢。我想，这样的体验在其他工作岗位上应该很难得到吧。

当然，要获得这样的体验，也是需要一些前提条件的。

那就是使用"正确的销售方法"。

非常幸运的是，我从周围的金牌销售人员那里偷偷地学到了这种正确的销售方法。之后，我运用这个方法在之前工作的瑞可利公司（Recruit），在没有加班的情况下获得了日本年度销售的总冠军，工作期间获得了 40 多次公司的表彰，甚至当上了销售部的部长，之后更是被派遣到一家小公司，当上了法人代表。

但是，如果不知道正确的销售方法，我可能就做不到这些了。

如果销售额不稳定，我就会因为销售成绩而感到压力。

这样一来，别说会被客户感谢了，我甚至都可能会被客户讨厌。这样的销售人员在现实里确实也是存在的。

离开瑞可利公司后，我成立了自己的培训公司，对 4 万多名销售人员进行了培训。现在我还在开发提高销售能力的培训课程。

在培训班里，我经常听到奔走于各地的销售人员的烦恼：

"要做的事情太多，无法保证和客户的商谈时间……"

"市场发生了变化，无法完成销售目标……"

"因为新型冠状病毒肺炎疫情（简称"新冠疫情"），无法和客户定好见面时间……"

"从根本上对客户不感兴趣……"

除此之外，销售人员类似的烦恼还有很多，但是我对这些烦恼的回应都是一样的。

那就是要先知道正确的销售方法。我在培训的时候一直强调的是，努力做出"超出客户期待的事"。只要销售人员做到这一步，所有的问题都能迎刃而解。

如果只是这样几句话，可能有些让人难以信服。

具体的方法，我会在本书里进行详细的介绍。

🏆 认生的人也能做到日本第一，这就是销售

我这么说可能有点太自大了，但事实的确如此。

其实我曾经也是一个唉声叹气、笨手笨脚的销售员。

因为销售指标的压力，我甚至出现过在睡梦中痛苦呻吟、时常惊醒的情况。因为总是担心自己是不是被客户讨厌了，我便更加努力地一直保持笑脸迎合客户，结果自己的精神压力越来越大，却还想着要回应别人的期待。

别人总是说，完全看不出来**我是一个特别认生的人**。

和年轻的时候相比，我已经变好很多了，可现在还是会被妻子笑话。

遛狗时，我也会紧张，生怕万一被人搭话了，会不知道该如何是好。

看到住在附近的 86 岁的老奶奶在街边的话，我为了避免和老奶奶沟通，甚至特意绕远路回家。我自己都想吐槽自己"为什么呀"。我经常在这样吐槽完自己后，又故作平静地去和老奶奶打招呼。

即使是这样的我，也能熟练掌握"上门销售"和"电话预约客户"的技巧。

我还格外擅长针对公司经营者的商业咨询顾问服务。

最重要的是，我能自豪地说出，我"特别喜欢"我的客户。

🏆 公司不会教我们正确的销售方法

大家也许在想，掌握了这个销售方法，真的能那么顺利吗？

如果我站在大家的角度来看，我可能也会这么想。

不管是什么样的人，只要掌握了这个方法，无论是谁都

可以胜任销售工作。

这是我自己的真实感受。

性格是先天的，很难改变。但是技能和方法都是后天的，都是可以通过我们的努力来掌握的。

所以，我一直都是这么想的，掌握一个正确的销售方法十分重要。

但是，实际情况究竟如何呢？公司只会教给我们"卖商品"所需要的知识。而且销售人员在培训中经常做的"角色扮演"训练，也都只是为了"卖商品"，这些就像是用错误的姿势进行体育锻炼一样。

我再强调一遍。

正确的销售方法，不是东奔西走劝别人来买我们的商品，而是在一天中有限的时间内，做出更多的"超出客户期待的事情"。

但是，因为不知道这个方法，如同原来的我那样，艰难度日的人也不在少数。我希望像原来的我一样痛苦的销售人员都可以知道正确的销售方法。

这是我成立销售培训公司的初衷，也是我写本书的理由。

🏆 今后销售也绝对不会消失的理由

请允许我再稍微阐述一下我的想法。

今后的销售将变成什么样。

我们可以参考赛富时公司（Salesforce）针对全球的 2900 多人的销售专业人员和销售领域内的管理者进行的问卷调查结果。

该调查指出**"导入人工智能（AI）的组织，都增加了销售人员"** [1]。

那么为什么会这样呢？

有了人工智能，为什么还要去现场销售呢？通过网络销售不就应该足够了吗？

因为人工智能只是基于大数据，为客户提供理论上的最优解而已。

人工智能只会说："对您而言，这个方式是最好的。"

各大企业都已经发现了，仅凭人工智能，无法让客户购买自己的商品。

确实人工智能通过深度学习 [2]，获取了庞大的数据（包括访问人数、签约率等），还能告诉我们最有可能和我们签约的客户以及最好的上门销售时机。人工智能无疑是提高销售效率的撒手锏。

但是，我们也发现了，**想要让客户购买商品，更为重要**

---

[1] 资料来源：赛富时调查（Salesforce Research）《第三次销售状况调研报告》（2018 年）。

[2] 深度学习是学习样本数据的内在规律和层次表示，其最终目标是让机器能够像人一样具有分析学习能力。——编者注

的是能够读懂"客户心理"的交流沟通。

"这个销售人员一直很关心我的想法。"

"这个销售人员特别懂我。"

"这个销售人员总会提供我想要的、适合我的方案。"

所以，客户才会想要从固定的销售人员那里购买。

如上所述，客户在和销售人员的交流过程中，会产生对销售人员的信赖，更有可能成为公司的忠实客户。这也是其他竞争公司很难插足的原因。

这也正是销售人员不会消失的原因。

🏆 "必要的销售"和"会被淘汰的销售"的区别

"不能只做回应客户需求的事情，还应该做出超出客户期待的事情。"

这就是今后销售人员的价值所在。

简而言之，**不能对客户言听计从。**

客户说想要一件商品的时候，我们要是回复说，"好的，我这就给您备货"，然后准备合同的话，我们就和网络销售没有区别了。

这只是做了回应客户需求的事情，而没有做出超出客户期待的事情。

今后客户需要的销售应该是这样的。

销售人员：非常感谢您的惠顾，我这就给您备货。为了方便您的使用，您要是还有什么疑问，我们可以一起解决一下。如果您比较忙的话，我们这边也可以通过线上的形式来对贵公司的员工进行 10 分钟左右的培训，您看如何？

客户：太好了，那就麻烦您了。

销售人员：然后，考虑到贵公司明年的计划，为了贵公司明年的顺利发展，建议您可以再多购买两件商品作为备用，您看如何？

客户：说的有道理！（这个人还挺为我们公司考虑的）

大家觉得如何？销售人员没有对客户言听计从吧。这样的销售是不是更有意思？

这就是超出客户期待的对话。当然也只是其中的一个例子。

如果觉得这个有些困难和麻烦，你也不用担心。

比起那些"用气势和毅力，用脚东奔西走的销售""既能说又能干，才能做好销售""只是单纯地回应对方的需求"的销售方法，我推荐的销售方法会更加轻松，工作起来的干劲也会完全不一样。

客户所需要的销售人员不是一个"强势"的人，而是一个"热心"的人。

这个区别，稍后我会具体展开讲解。

本书将对我在销售人员培训上介绍的销售技巧，在培训中没能介绍完的理论以及具体的实践方法进行详细讲解。

我相信本书一定会成为大家的销售"指南"。

销售在今后，也还会是一种被客户所需要的职业。

那么，接下来闲话不多说，我们进入正题吧。

本色研究所（Rashisa LAB）首席执行官、讲师

伊庭正康

第**3**章　成为一个让客户愿意找你购买的销售人员·················085

第**4**章　"不断实现目标"的销售人员都在做的事情·················117

第**7**章 "销售不顺利时"的实际应对方法⋯⋯⋯⋯⋯⋯⋯⋯⋯215

第1章

销售的
"烦恼"和"困境"

01 新冠疫情暴发后，无法见到客户了

给客户打电话总是没人接，近来商谈次数也明显减少了，未来我们应该怎么办？

🏆 无法像以前一样"上门销售"了

随着新冠疫情的暴发，过去的"上门销售"的方法已不再适用。

"随着线上办公的普及，负责人可能根本就不在公司里。"

这类情况是否已经变得习以为常？

也许是时候应该放弃"想回到过去那种销售模式"的想法了。

我们先来谈一下**"无法见面的时代"的销售方法**。

若要探讨这个问题，我们可以参考戴尔公司 2020 年 8 月的调查结果。

该调查并非针对日本的大型企业，而是针对日本的 470 家中型企业进行了调查，调查结果十分具有代表性。

该调查结果显示，日本实施线上办公的中型企业大约占了六成（63.9%）。

调查结果中最值得关注的是这条数据，**其中约半数（54.1%）的中型企业表示"还会继续实施线上办公"**[①]。

大型企业的政策实施得更迅速也更彻底。自 2020 年 5 月起，日本的大型企业相继颁布了线上办公的经营方针。

日本电报电话公司（NTT）颁布了"办公室部门出勤率不能超过半数"的政策；日本富士通集团也颁布了"出勤率不能超过 25%"的基本方针；日立集团甚至颁布了"以在家办公为基准"的新的办公方式，并计划在多个部门推行该办公方式。

这些都还只是冰山一角。与我有过合作的大型企业的客户，基本都采取了线上办公的方式。这样一来，负责人不在公司的情况必然会增加。负责人即使去了公司，也会有很多其他需要处理的事务，根本没有时间来与我们销售人员进行商谈。

实际上，我在为各大公司进行销售研修培训时，也收到了很多与上述问题密切相关的反馈。

"即使想通过电话和客户确定时间，但无人接听的情况也越来越多，有没有什么好的解决办法？"

"领导总说要上门销售，但客户推说不在或没空，拒绝我们上门的次数越来越多了，我们应该怎么办才好？"

[①] 资料来源：戴尔公司"关于信息技术（IT）投资动向的调查"（2020年 8 月）。

通过这些问题，我们可以发现，之前的销售方法已经变得不再适用了。

🏆 "混合式销售"或将成为新潮流

话虽如此，但如今的销售，绝不能说不好。

不管是对法人经营而言，还是对个人经营而言，都是如此。甚至可以说，销售领域当下面临着前所未有的机遇。

据我所知，有些公司通过探访客户、电话销售以及线上销售的方式，不仅提高了商谈的次数，签约率也有了显著的提高。

转为线上销售后，由于不需要实际出门，销售的次数增长了 1 倍（某外资保险公司）。

通过使用画面共享，进行问卷调查，签约率增长了 1 倍（某电话广告公司）。

从电话销售转为线上销售，使合作率提高了 25%（某动画制作公司）。

那么，为什么效率会有所提高？

最主要的原因是，线上这种模式没有地域之分。

通过线上销售，我们可以和日本全国乃至全球的公司进行商谈，哪怕只是针对有合作可能的企业发出邀请，也会有无限的可能性。

当然还有其他原因。与其选择明知会被拒绝的电话销售，

不如选择使用能够提高合作率的"**冷邮件（销售邮件）**"（参见第 2 章 01 小节），同时可以使用网络的信息界面。只要准备好"**从提供信息到具体合作的流程**"，就可以进行更高效的销售。

当然，"上门销售"的方式也是必要的。

因为还是有希望能够面对面进行交谈的客户。

但重要的是，只是单纯地"探访客户"是不行的。当今时代，机遇会更加青睐那些能够同时使用探访、电话、线上等方式的"混合式销售"的人。

本书将为大家介绍**混合式销售的"新必胜法"**。

 新冠疫情给销售带来了很大机遇，我们要找到"新必胜法"。

02 销售的工作是否会被人工智能所取代

随着人工智能的普及，销售这种职业是否会消失？
如果销售真的会被人工智能所取代，销售人员想到
今后的职业生涯会更加不安。

🏆 导入人工智能的公司，销售人员反而增加了的理由

近年来，销售人员的数量已经大幅减少。

根据日本"国势调查"，日本销售人员最多的时候是 2000 年，当时日本的销售人员有 468 万人。但是到了 2015 年，销售人员已经减少到 336 万人。[①]

仅仅 15 年，销售人员减少了 100 万以上，这和一个日本大城市的人口数相当。光看这个数据，我们可能会觉得日本的销售行业是一个夕阳行业。

但是，等我们知道真实情况后，我们就不会对自己的行

---

① 资料来源：《为什么男性突然变成食草系了》（本川裕，日本经济新闻出版社）。

业产生不安，反而会更有做下去的勇气。

赛富时公司针对全球 2900 名以上的销售专业人员和销售领域内的管理者的问卷调查结果显示，**导入人工智能的销售组织，销售人员反而有所增加**[1]，见图 1–1[2]。

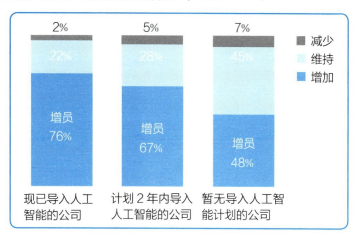

图 1–1　导入人工智能的公司，销售人员反而增加

那么，为什么会出现这样的情况呢？

因为这些导入人工智能的公司发现：人工智能确实可以帮我们提高风险管理和客户管理的精度，但要进一步提高客户的购买欲，需要的是对话，是能够考虑到客户的"无法被数据化的感情的细微变化"的对话。

同样，缘日本公司（En-Japan）针对转型咨询顾问进行

---

[1]　资料来源：赛富时调查《第三次销售状况调研报告》（2018 年）。

[2]　本书正文插图由樱井壮志绘制。

的"能被人工智能取代的职业，无法被人工智能取代的职业"的调查，也表明**难以被人工智能取代的职业前三位分别为"经营者""经营策划人员""销售人员"**[1]。

我们可以看出，并不是所有的销售都会消失。

🏆 "未来会消失的销售"与"被客户需要的销售"

也就是说，销售可以分为"未来会消失的销售"与"被客户需要的销售"。

那么我们就先需要正确认识"未来会增多的销售"和"未来会消失的销售"。

一方面，**未来会增多的销售的第一种是"内部销售**[2]**"**。

这是通过电话、线上（如邮件）等方式，使用数据进行更高效率的销售方法。这个领域的人数正在不断增加。

未来会增多的销售的第二种是"顾问式销售"。

通过交流沟通，销售人员发现客户未发现的销售领域，为客户做策划提案。这个领域会因为人工智能导入，变得越来越重要。

---

[1] 资料来源：缘日本公司《"中年人群的转业"咨询顾问的问卷统计结果》（2016 年 5 月），调查对象 160 名。

[2] 内部销售也称作电话销售（Telesales）或内部售卖（Inside Selling）。这应用于那些经常在公司内工作而且可以使用局域网和高速广域网的销售人员。——译者注

另一方面，**未来可能会消失的销售是"被内部销售所取代的销售"**。

"只介绍商品""只听取客户需求"的销售人员，会因签约率过低而被内部销售所取代。

正因如此，我想告诉还在单纯通过电话预约做上门销售和渠道销售的销售人员，现在就要开始去做一些"能够唤起客户需求的沟通交流"。这样就可以随时转换成"内部销售"或"顾问式销售"。

 "唤起客户需求的沟通交流"在今后的时代不会被淘汰。

03 在日常流程中无法感受到乐趣

每天都是一些日常流程，这样下去可能无法掌握专业知识，我是不是换个工作比较好？

🏆 可能"只是还没有达到那种境界"

作为培训讲师，我常常对销售新人进行培训。

培训的时候，我经常听到这样的问题：

"日常流程很多，应该怎样发现工作中有趣的地方？"

确实，销售是一种由日常流程构成的职业。

不管是炎炎夏日还是寒冷冬日，不管是晴天还是雨天，也不管是今天、明天还是后天，都要坚持做固定的事情，这就是销售人员的日常。

但是，等看到销售的本质后，我们就会发现，销售并不是单纯的"日常流程"。反而现在不少人觉得"没有比销售更能发挥人们创意的工作了"。

这是我一直说**"销售是一门艺术"**的原因。

但是，刚开始成为销售人员的时候，并不是每个人都这样认为的。

我也如此。刚开始的时候，我每天在想的都是"这份工作比想象中要煎熬""这份工作太单调了，没有正在成长的真实感"。几年后我才意识到，这是成长为一名合格的销售人员必须经历的"成长痛"。

但是，每次提到这个话题，我都会被别人这样问："真的能通过销售获得成长的真实感吗？"

既然如此，我们不如一起来看一个有趣的调查结果。

赛尔布利克斯公司（Cerebrix）调查了"销售员工工作前与工作后的印象差距"，调查结果显示，第一位是"需要用脑思考的时间出乎意料地多，这种工作既有价值，也有难度"。[1]

也就是说，很多销售人员都会在某个时刻突然发现：销售其实是一种"用脑非常多的工作"。因此，**如果你觉得"每天都是日常流程"，那么你应该立刻认识到自己可能"只是还没有达到销售人员的境界"**而已。

🏆 我个人发现销售有趣的契机

觉得"销售很有趣"的人有这样一个共同点。

---

[1] 资料来源：赛尔布利克斯公司《关于销售岗位的问卷调查 4》（2018年 4—7 月）。该调查针对销售经验在 3 年以内的 20~30 岁的销售员工（133 人）实施。

他们能做到自己的**"工作形塑"**（Job–Crafting）。

工作形塑，是指人们通过改变对工作的认知，找到工作价值的方法，是美国耶鲁大学管理学院研究生院教授艾米·瑞斯尼斯基（Amy Wrzesniewski）和密歇根大学名誉教授简·E. 达顿（Jane E. Dutton）提倡的理论。

"工作形塑"的方法大致有三种。

- 按照自己的想法来下功夫（在下功夫的过程中会感到这种工作有趣）
- 重新认识工作的意义（切实感受到自己对社会有用）
- 重新审视自己与他人的关系（通过改变与自己接触的人，受到新的刺激）

在这三种方法中，只要能做到其中一种，我们对工作的认知就会发生改变。

我也是这样。我最先从事的职业是招聘广告的销售工作，当时负责的地区是大阪的北新地。

那份工作是需要我在没有和客户预约的情况下进行销售。一开始我一直都没有取得成果，倍感压力。但在上司让我与其他业务部的金牌销售人员同行的时候，上司说：**"销售这份工作能为你赢得意料之外的客户感谢。"听到这句话我大受震撼，这句话改变了我的销售生涯。**

我深切地感受到自己对客户的关心和对策划提案下的功夫还不够。

我还没有达到销售人员的境界，还没有走到那一步。

这是每一个销售人员的必经之路。

在本书中，我也将为大家详细介绍"工作形塑"的线索和方案。

到了那种境界，我们就会注意到销售是"需要动脑的有趣工作"。

04 打电话时会感到有压力

其实我特别害怕给陌生人打电话。但是，不打电话就无法进行工作。为什么金牌销售人员能那么轻松地给客户打电话呢？

🏆 当下有四成的人患有"电话恐惧症"

你对打电话这件事有没有抵触呢？

在日本世尊信用卡公司（Credit Saison）2020 年的汽车火灾保险调查中，**有四成的人都有"电话恐惧症"**，他们对接打电话带有抵触情绪。

在这种情况下，被上司命令"去给客户打电话"，对于原本就不擅长打电话的人来说已经是一种折磨了，他们的工作压力也会不断积累。

但是，又不是直接见面，为什么打电话会令他们感到有压力呢？

如果不先理解这个问题，我们就很难研究出应对"电话恐惧症"的对策。

人们会患上"电话恐惧症"的主要原因有两个。

第一，本来就不习惯打电话。

如今，人们的沟通交流主要通过网络社交平台、群聊、邮件等方式进行。

我经常听到有人诉说这样的不安，"如果是接打电话，不知道自己能不能好好交流"。

事实上，工作电话有其独特的用语，既不说"喂"也不说"没关系"。取而代之的是，"承蒙您关照。我是××公司的×××。百忙之中打扰您，实在不好意思""您的话我已悉知。请放心交给我们"，这样礼貌的用语是必需的。还不会很好地使用礼貌用语的人就会感到不安，这也是大多数人不擅长打电话的主要原因。

第二，出于对"自己被否定"的恐惧。

"我不需要！（电话被挂断）""我现在很忙！（电话被挂断）""我不需要推销！（电话被挂断）"。

电话被秒挂，是非常令人沮丧的。

无论是在我的研修培训中，还是在社交平台上，很多人都会问"如何处理这种销售电话被秒挂的情况"，而且这类问题的出现频率也越来越高。

🏆 能很好地利用电话，将成为你的"优势"

我们不可能将"电话被秒挂"这种情况完全清零，但有办法可以降低"电话被秒挂"的概率。

当然，我更希望大家可以知道的是，比起面谈，**如果能很好地利用电话和客户沟通，反而更能和客户建立良好的关系，甚至只通过打电话，就能和客户建立起像亲人一样的关系。**

为了让大家先有一个印象，我来给大家介绍一段金牌电话销售人员的对话吧。该金牌电话销售人员在日本一家健康食品、化妆品销售公司埃弗生命公司（Ever Life）工作，该公司总部在日本福冈县。接下来，我将该金牌电话销售人员的通话内容进行一定的整理，以便让大家更好地明白。[①]

"您好吗？好的，谢谢。

是的。啊，太好了。是前几天的新商品吧？

好的，谢谢。嗯，嗯，嗯，嗯，这样啊。

现在好像能听到音乐声，是有人在唱歌吗？

和您的孙子一起。是啊。其实，我也有了第一个孙子……"

这就是金牌电话销售人员的真实通话内容。

这位金牌电话销售人员把自己定义为一个倾听者，即使觉得对方的话和销售无关也会展开会话和对方沟通，让客户感到亲切。这样做的话，不仅会提高销售额，还能产生一种一对一的特殊关系，甚至会有客户特意送自家的腌菜给销售人员。

这才是电话销售人员应有的样子。

———————————

① 资料来源：日本 TBS 电视台《充实的星期一 !!》（2014 年 1 月 26 日播出）。

只要学会了这个方法，谁都可以做到。

其实，我也有"电话恐惧症"。

但是，我记住了这个方法，即使不当面探访客户，也能建立一对一的特殊关系。有一次，我因为工作岗位调动而不再负责一位客户的时候，那位客户还特意为我办了送别会，这给了我很大的自信。值得一提的是，在那场送别会上，我和那位客户才第一次见面。

在本书中，我还将介绍谁都可以用到的高效电话销售的技巧。

不能见面的时代，如果能很好地使用电话，反而会提高效率！电话会成为销售人员的优势。

05 其实，我本来是想做事务工作的

其实，我本来并不想成为销售人员，是被公司分配到了销售部。现在留下来也不是，离开也不是，我不知道该怎么办。

🏆 从事务部门调到销售部门的情况正在不断增加

从事务部门（总务、人事、会计等）调到销售部门这样的情况经常发生。

"其实我并不喜欢做销售，但是没办法只好做销售了……"

如果你也是这样，最好重新考虑一下今后该如何开展工作。

因为数字科技的高度发展，事务工作渐渐自动化，对事务部门人员的需求也正在不断减少。而且经济低迷的话，事务部门的工作量也会减少，预计今后这样的情况会越来越多。

报纸上曾刊登过这样的报道，日本住友生命保险公司计划在 2022 年年末之前，将 2000 名事务岗员工转岗。日本瑞穗银行也计划在 2023 年年末之前，将事务岗员工中约三成的人转岗为销售人员。当然，这些例子只是冰山一角。

日本的公司不会那么轻易地解雇员工。

日本公司的管理者想尽可能保护自己的员工，但前提是需要事务岗员工转型为销售人员。

可是，这样的转型，会让被调到销售部门的人们感到非常痛苦。

"留下来也不是好小法，离开公司也不是好办法。既然都不是好办法，还是作为销售人员，留下来比较好……"

从新闻报道的字里行间，我们仿佛能听到这样无可奈何的声音。

但是，这样的想法是草率的。

换一个思路的话，其实事务工作经验也可以成为销售人员的强项。

🏆 "以经验为武器"的想法

我来介绍一下我的一位前辈的案例。

他当时 40 岁，之前活跃在人事部门。

有着这样经历的他和我一样，来到了策划招聘广告的销售部门。

虽然没有销售经验，但他很快就崭露头角。除了本职的广告提案，他充分利用了在人事部门积累的经验，提出了合适的人才选拔方案以及留住人才的办法。他的客户中有很多经营者，这些客户都很看重他的学识。

他当时在销售工作中为客户提供咨询服务，很快就成了我们部门的金牌销售人员。

本来，销售这种工作就不需要特殊的专业知识。

我并不是贬低销售这种工作，我想说的是，销售是一种很棒的工作。

虽然数据有点旧，日本瑞可利公司对 1500 名销售人员进行的调查仍然可以作为参考[①]。

该调查结果表明，必要的销售技能并不是什么特殊技能，而是"倾听技能"和"发现问题的技能"（具体请参考第 3 章 04 小节）。

只要能做到这两点，任何人都能做好销售工作。从销售人员转型为工程师或财务人员的话，掌握工作内容可能需要很多时间。但是从其他行业转到销售行业是不需要很多时间的。

但也存在没能做出成绩的销售人员。

主要原因是没有人教他们正确的销售方法。

用武术来比喻的话，就像是不知道基本的招式，只是用手不停地挥舞，用"打架"的方式来和对方比画。

我只是在瑞可利公司学到了正确的销售方法，然后照做了而已。

我学到了一直听客户讲 30 分钟也不打断客户的方法，学到了即使被客户拒绝，也能进行挽回，使销售进入正轨的方

[①] 资料来源：瑞可利公司《从 1500 名销售人员那里得知的"16 个不同领域"中不可或缺的技能》（2012 年 7 月）。

法等，现实里确实存在销售人员必须知道的正确的销售方法，也就是武术中的"招式"。

如果你不知道这个"招式"，就去进行销售，无论你有多少社会经验也不会顺利的。本书将介绍谁都能够做出成绩的正确的销售方法。

以前的工作经验可以成为你的武器！但在此之前我们要了解正确的销售方法。

06 销售定额带来的压力特别大

你有没有过因为销售定额①太难完成而想要逃走的冲动？但是，冷静下来，即使没有达成销售定额也不会被解雇。

🏆 夜晚因为想到销售定额而叹息的日子

你有没有因为销售定额太难完成了，而在晚上叹息过呢。

我还是新人的时候，因为销售定额的压力太大，曾经常做噩梦。

我曾经因为梦到过我正在进行上门销售的场景而被吓醒，发现自己满身冷汗，甚至开始发抖。

销售定额给我们带来的压力很难避免。在我们还不习惯的时候，它真的非常令人痛苦。

实际上，因销售定额而痛苦的人不在少数。

---

① 销量定额是销售经理希望销售人员在未来一定时期内和目标区域内完成的目标销量，确定销量定额有助于销售经理和销售人员了解自己的销售目标。——译者注

日本迈那比公司（MYNAVI）的调查结果十分具有代表性。①

问题：销售工作是辛苦的，还是快乐的？

结果显示，回答辛苦的人占 51.9%，回答快乐的人占 48.1%。

- 被要求必须完成销售定额（40 岁以上 / 零售店 / 男性）
- 被销售定额逼得走投无路（40 岁以上 / 食品、饮料 / 男性）
- 有严格的销售定额（40 岁以上 / 金融、证券 / 男性）

确实可以说，销售的烦恼几乎是由"销售定额"引起的。很多人都想过，"如果没有销售定额，我就不用那么拼命了"，如果是这样的话，几乎所有的销售烦恼都会消失吧。

🏆 减轻销售定额压力的诀窍

话虽如此，如果我们能理解销售定额的本质，我们自然就不会有销售定额的压力了。

我们可以这样想：**销售定额只是"游戏"而已，即使没有达成销售定额，本人也几乎没有风险。**

这就是本质。从日本法律上的解释来看，是这样的。我们也这样想吧。

---

① 资料来源：日本迈那比公司对 81 名从事销售行业的员工进行的调查（2016 年 2 月）。

- 即使没有达到销售定额，也有《劳动基准法》[①]，所以我们不会被解雇

- 即使没有达到销售定额，上司也不能骂我们（因为会成为职权骚扰）

- 即使没有达到销售定额，企业也无法处罚我们，根据《劳动基准法》，企业处罚我们是违法的（虽然企业对我们的评价会下降）

仔细想想，企业和销售人员之间签的并不是完成销售定额的合同。

我们既不是佣金制，也没有签以达成销售定额为前提的承包合同，而是雇用合同。

实际情况是，在日本，被雇用方即使多次未完成销售定额，也会得到法律的保护。

与演员、歌手、运动员等相比，这不是很好的契约吗？

没完成销售定额带来的不良影响，可能只是会有一种"在那家公司待得不舒服"的不安情绪。

我能从销售定额的压力中解放出来，多亏了一位分公司社长的话。

"不用把自己逼到那种地步。4 次中有 3 次，3 次中有 2

---

① 《劳动基准法》于 1947 年根据《日本宪法》第 27 条第 2 款颁布，是一部劳动者保护法，其为劳动者工作条件设定最低标准，以保障劳动关系中所涉及的相关权益。——编者注

次，能做到这个程度的话，不就已经合格了吗？倒不如说更希望我们公司能多发挥一下自己的影响力。"

这是我放下心中包袱的瞬间。

如果你觉得销售定额很辛苦，你可以这样想。

销售定额始终是"游戏"。即使没有达成，你也没有风险。

正因为如此，去享受销售这份工作才是最重要的。

 冷静地考虑的话，会发现销售定额只是"游戏"。心怀热情，头脑清醒！

07 不要因销售定额带来的压力而违纪

如今，我已经习惯使用"夸大效果的措辞（包括谎言或夸大其词的策划提案）"了。虽说是为了达成目标，但这样真的好吗？

🏆 销售人员被"洗脑"的瞬间

尽管如此，销售定额的压力也会对一个人的判断力产生可怕的影响。销售定额的影响如此之大，以致一些人最后为了实现销售定额，而向客户提出了夸大其词的建议。这样的例子也不胜枚举。

为了避免这种情况，我们需要掌握对抗销售定额压力的方法。

根据塞尔福斯公司研究报告，当询问在美国、德国、日本、澳大利亚、新西兰、加拿大、法国、英国、爱尔兰、荷兰、新加坡和中国香港等地工作的约 3000 名销售人员时，事实上，**近六成（57%）的人说他们不太可能实现本财政年度的销售目标。**

可以看出，无法完成销售定额不仅是日本销售人员的烦恼，也是全世界销售人员共同的烦恼。

在这种情况下，销售人员容易出现违纪行为。

根据德勤日本公司（Deloitte Touche Tohmatsu）会计师事务所对 3653 家上市公司进行的调查，46.5% 的公司表明在过去三年中发生过违纪行为，在采取措施防止违纪行为方面，尤其是销售部门被指出并不配合。[①]

贪污（包括不正当支出）和会计违规行为（如虚构合同）在违纪行为中排名前二。你所在的公司的销售部门是否存在这种违纪行为？

即使没有挪用公款或虚构合同，是否有过曾经允许"**销售人员通过夸大其词的销售话术，以欺骗客户来达到目的**"，**而且没有人因此受到惩罚的情况发生呢？**

常见的例子有"夸大其词，向客户提供他们并不需要的更多服务"；或者欺骗客户说，"这是一个现在才有的活动"，并要求他们签署合同。这些都是绝对不能做的事情。

🏆 堂堂正正，才是通往金牌销售的捷径

在新冠疫情的冲击下，许多销售人员都在努力完成他们的销售定额。

[①] 资料来源：德勤日本公司会计师事务所《日本企业欺诈风险调查白皮书（2018—2020 年）》。

这是因为无论经济如何衰退，公司都需要赢利，所以销售人员的负担也在不断增加。

这时候，对销售人员来说最好的方法是找回初心。当销售人员觉得辛苦的时候，大多会受到这样的诱惑。尽管如此，我们也绝对没有必要向客户夸大其词。

这是销售人员的一个分水岭。

就我自己而言，我一直非常注重堂堂正正地做销售，这是我贯穿始终的态度。

这不是一句华而不实的话。你越冷静，就越容易想明白。

在销售方面想要不断地取得好的成绩，其绝对条件是"客户的鼎力宣传"和"高复购率"。

最重要的是以下这一点：

拥有"可推销的客户基础"，它与我们的财产一样重要。

如果你有良好的客户基础，客户为我们介绍新客户的机会也会增加，复购率也会始终保持在 90% 以上。

对我来说也是如此。我非常感谢我的客户，他们使我的销售额像滚雪球一样越滚越大，不断提高。等回过神来的时候，我发现自己的销售额几乎是其他销售人员的 6 倍了。

我从一开始就决定"以诚待客"，我坚信这是取得更好成绩的方法（参见第 4 章 04 小节关于建立良好"客户基础"的部分）。

虽然客户不说，但他们其实会认真观察销售人员的一举一动。

希望你们可以意识到，不诚信会进一步地扼杀你以及你所在的公司。

无论你周围的人在做什么，你就是你。诚信会转化成业绩回到你的身边。

本书将告诉你如何堂堂正正地取得好成绩。

 为了可持续地实现你的销售定额，"以诚待客"是必要的基础。

08 不得不销售"我们没有信心的产品"

我们公司不是一个品牌公司，我们的产品也不是业界第一。如果我们有更多的品牌效应和产品实力，我们就能更有底气地进行销售。

🏆 许多销售人员对他们推荐的产品没有信心

"我们销售的产品没有任何商业竞争力。我们应该如何面对这一情况？"

事实上，许多销售人员都存在这样的困境。有研究结果表明，**"只有大约一半的销售人员对自己的产品有信心"**[①]。

下面我们来谈一下，销售人员在销售他们没有信心的产品时面临的困境。

销售人员在考虑自己公司产品的实力时，应该注意的是：不应该将你们的产品与其他公司的产品进行比较。

每个产品都有其优点和缺点。

---

① 资料来源：日本卡纳产品公司（Carner Product）对约 1000 名销售人员和管理者（包括总裁等高管）的调查结果。

销售人员应该看重的产品竞争力，在于该产品是否能满足客户的需求。

前两天，一名汽车销售人员跟我说了这一段话。

他说："我以 200 万日元的价格卖了一辆车，客户买得也很满意。"

这辆车非常小，仪表上的最高速度是 95 千米 / 时，甚至无法在高速公路上行驶。

此外，那辆车也根本不符合任何安全标准，也没有任何生命保障措施。

而且那辆车可能会出故障。据说乘车人的体验也是极差的。

这样一辆车的价格竟然定为 200 万日元，而且客户还说这很划算。

你怎么看？这是一笔很划算的交易吗？

我觉得这确实是一笔很划算的交易。

因为，这是一辆有 50 年历史的老车——菲亚特 500[①]。

以下是我想说的。那就是，**销售就是要选择正确的客户。**

寻找并销售给真正需要的人，这就是销售。

先找到需要你产品的人，即建立一个可能购买你产品的客户名单，这是销售活动中的关键。销售别人不需要的东西，属于强卖行为。

[①] 菲亚特 500，是菲亚特在 1936—1955 年生产的车型，是最为成功的微型车、历史最为悠久的微型车，是微型车的奠基者。——译者注

让客户满意，这是销售的基本理念。

🏆 产品竞争力不仅仅在于产品本身

让我们来讨论一下细节问题。当你对自己的产品越没有信心的时候，就越需要发挥你的销售能力。

我们先来了解一下营销巨人菲利普·科特勒（Philip Kotler）的"产品三层次结构理论"。

产品 = "基本功能" + "设计、品牌等" + "服务（销售、跟进、保证等）"

我稍微调整了一下每个要素的叫法，但是内容都是一样的。

在市场营销中，销售人员的价值也包含在产品之中。

你有没有过"我是因为这个销售人员才购买的"或者"我想通过这个销售人员来购买"的经历？

我也有过这样的经历。我曾经买过一辆车，我对它的功能和设计并不完全满意，但我喜欢那个销售员，所以就买了那辆车。这是因为我认为买车这件事里还包含了与销售人员打交道的过程。

换句话说，即使你对产品的功能、设计或品牌没有信心，也可以用销售人员的价值来进行弥补。

也就是说，**当你无法通过产品的基本功能和品牌效益来区分自家产品和其他同类产品的不同时，你就该用自己的销售价值来弥补。**

在本书中,我还将告诉你如何让客户觉得"如果是这个销售人员来卖的话,这个产品就是有价值的"。

产品不只是指产品本身,还包含销售人员的价值。

09　与客户建立良好关系很困难

我不能像金牌销售人员那样与客户建立良好关系，
是我自身没有销售头脑吗？

🏆 很难让客户对我敞开心扉

销售人员会碰到很多受到客户冷遇的情况，甚至多到会让人难受。

金牌销售人员也是如此。

接下来，我们在这里谈一谈，**无法与客户建立良好关系**的原因。

事实上，日本阿塔克斯销售联合公司（Attax Sales Associates）的《日本销售现状调查 2019》的结果显示，大约 85.9% 的销售人员对工作感到焦虑，而产生焦虑的主要因素在于他们不知道自己是否能够与客户建立良好关系（51.4%）。

我有过多次这样的经历。那是我在做招聘广告推销员的时候，我有一个从一位资深同事那里接手的大客户，但他不仅不愿意跟我说话，甚至还不让我进他的公司。

所以，每次我去拜访他们时，我只能通过公司门口的对讲机与他们交谈。

"我的公司现在不需要（对讲机被挂断）"或者"请在下周提供同样的纸质方案（对讲机被挂断）"。

这就是我们所有的对话。

这是一个让人想要逃离的瞬间，但对方是一个大客户，如果我选择了逃避，那就只会影响自己的业绩。这正是逃也不是，回自己公司也不是。相信每个从事销售工作的人都会碰到这样的情况。

但如果你的销售工作做得好，你和客户之间的关系就会逐渐得到改善。

在六个月后，我能够在对方的接待室进行商谈了。

此后又过了六个月，我甚至了解到了这个客户家庭的各种故事。

然后，在维护了两年之后，由于工作的变动，我不再负责这个客户。

当我告诉他这件事时，他还为我举办了一个欢送会。

🏆 了解与客户关系的"五个阶段"

销售工作中最有意思的一点在于：如何在不利的情况下与客户建立信任关系。

客户的冷漠态度不是销售人员的错。

在大多数情况下，客户的冷漠态度是出于对销售这个职

业的警惕心。

所以不用担心，并不是你个人被否定了。

上文中的这位客户后来告诉我，因为当时我是一个新的销售人员，所以他想先看看情况（这真的是一个相当难的测试）。

因此，如果你销售得当，就可以改变这种关系。

在这一点上，了解以下"人际关系的五个阶段"会减轻你的担忧。

人际关系的五个阶段：

第 1 阶段：警惕（我想知道这个销售人员是什么样的人……我有点不放心）

第 2 阶段：安心（这个人似乎不是一个坏人）

第 3 阶段：接受（最近开始习惯了这个人的销售）

第 4 阶段：信任（这个人知道的比我想象的要多，而且记住了我说的话。挺好）

第 5 阶段：信赖（这个人似乎比其他人更设身处地考虑我的事情。我找他商量一下吧）

在最初的几个月里，你要先设法让客户放下"戒备"，让他们感到"安心"，然后让他们觉得可以轻松地与你交谈。

在这个过程中，他们会开始信任你，觉得你是一个"可靠的人"，最后你会得到他们的信赖，他们会来和你讨论自己的事情。这个过程是针对所有客户而言的，也是重要且令人兴奋的。

　　总结一下，如果你在与客户建立关系时遇到困难，请问一下自己，现在处于什么阶段？

　　根据所处的阶段，你需要采取不同的措施。

　　在本书中，我将告诉你如何在短时间内建立第 5 阶段的"信赖"关系。

和客户的关系是一个逐渐加深的过程。

第2章

掌握符合
时代特点的销售技能

01 网上的"挨家挨户销售"最有力

许多销售人员的业务会议数量增加了一倍，合同数量也增加了一倍，销售效率得到了提高。无论你是什么行业，都应该尝试线上销售。

🏆 不擅交际的年轻人给五家公司发电子邮件，成功签下了一份合同

如果你只做电话销售，或者只做上门销售，那么作为一个销售人员，你可能就会被甩在时代后面，不管这是你的公司的做事方式，还是行业的传统。

我曾经一直是这样做的，但现在时代已经变了。

有了线上销售，**我现在能够以我以前从没有想过的方式来提高我的客户探访效率**，不再需要顶着严寒酷暑东奔西跑。

举一个例子，这是一个真实的线上销售案例。

我收到一封来自陌生人的电子邮件。

"我以低廉的价格为 ×× 视频网站制作视频。我看过您在该网站的视频，我想我可以为您提供一些建议。我已经准备了一个样本视频（网址链接为 ×××）。如果您有时间，希望可

以请您看一遍。如果您愿意，我可以在网上向您展示更多细节。"

我通常不理会销售邮件，但我对样本视频很感兴趣，所以我单击了邮件中的网址链接。

样本视频做得还不错！

由于他强调自己收费很低，我当时只是抱着试一试的态度，决定在网上与他进行一次商谈。

令我惊讶的是，我在网上见到的是一个来自九州地区的年轻人。

他没有任何销售经验，也不是一个善于奉承的谈话者。

但他似乎是一个经验丰富的视频创作者，所以我决定向他寻求合作。

我随口问了他几句"你发送了多少封电子邮件，收到了多少订单"。

他告诉我，他发送了 20 封电子邮件，收到了 4 份订单。

也就是说，有 20% 的订单率。这是一个相当高的比率。

你觉得如何？这就是线上销售的真实情况。

🏆 线上销售过程很简单

通过线上销售来发掘客户有两种方法。

第一种方法是"电话＋线上"。先打一个电话，就像电话预约一样，关键是下一步。你不需要约客户见面，而是当场给他们发送一个网址链接，在网上为他们提供信息，然后就可以顺理成章地和他们进行线上商谈。

许多人都对销售人员上门服务有所抵触，但认为如果只是在网上交流信息，向销售人员咨询一下也无妨。这使商谈的效率提高了一倍。

第一种方法是"电子邮件 + 线上"。

直接向对方的官方网站上的电子邮件地址或通过社交网站发送消息。

突然向陌生人发送的电子邮件被称为"冷邮件"。

这原本是一种接触重要人物的普遍方法。现在这种"冷邮件"也被用于一般的销售业。

一旦发送了"冷邮件"，销售人员就没有必要进行电话预约。

让我们来看看能够引导客户进行线上商谈的"冷邮件"技巧。

🏆 现在正是尝试"冷邮件"的时候

先确定你的销售客户。重要的是关注那些会对我们感兴趣的客户。

上面提到的那位九州地区的年轻人根据 ×× 视频网站的注册用户数量和更新频率缩小了目标受众，然后发送了一封"视频制作代理"的电子邮件。

一旦确定了销售客户，我们就可以从官方网站或社交网络上的电子邮件地址来进行联系。

这个年轻人发送的电子邮件如下（措辞略有修改）。

请原谅我突然与您联系。

我的名字是 ×××，来自 ×××。

我主要从事视频制作。

我看到了您在 ×× 视频网站上传的视频，期待为您提供基于算法的视频制作业务。通过视频编辑，我可以做到：

事先调查

- 提高您的视频浏览量
- 增加关注您账号的人数
- 提高视频编辑质量以维持观众的视听率

以下是我的个人资料。

1. 本人制作的样本视频

https://*******************

样本

2. 所使用的视频编辑软件

Adobe Premiere Pro、Adobe Photoshop、Adobe After Effects。

3. 视频制作的效率

每周四五次。

4. 服务特点

接单及时（平均 30 分钟内回复）。

提前交付视频，支持加急制作。

成本相对较低。

提供视频制作咨询（我可以与您共同制作，促进您的频道的成长）。

具体优势

我很乐意通过视频编辑来为您提供服务。

如果您愿意，我可以为您免费制作一个 1 分钟左右的视频。

如果可以的话，我们可以进行线上交谈。

我很乐意提供最近该网站视频的点击量趋势的信息。

在线引导

期待与您的合作。

●●●●●●●●
●●●●

地址：***-****

电话：******************

邮件：*****************

除他以外，我还收到过很多这样的"冷邮件"，来自大型电子邮件服务商、大型出版社以及大型顾问公司。

如果是我感兴趣的东西，为了获得信息，我就会试着联系对方。

当然，如果没有兴趣，我就会忽略这封邮件。

引起客户兴趣的要点其实很简单，即"事先调查""样本""具体优势"以及"引导客户进行线上商谈"。

没有这些部分，"冷邮件"就会被客户视为垃圾邮件而忽略。

如果你还没有认真地进行线上销售，我建议你开始尝试。你会发现在反复摸索过程中，效率会有惊人的提高。

 现在就把线上销售作为你的专长！

02 在你去找客户之前，先做好 Excel

你是否在像无头苍蝇一样地探访客户？在拜访前是否仔细筛选了客户列表？其实，你可以用 Excel 软件来确定自己应该去接触哪些客户，同时确定不接触哪些客户。

🏆 确定不会购买的客户，你开发新客户的数量将立即翻倍

以前，有人向我咨询："我想在六个月内使开发新客户的数量翻倍。我应该怎么做？"

如果你知道这个方法，答案其实很简单。

那就是**确定不向什么人推销，有选择地去接触客户。**

无论你的销售技能有多好，向一个你根本不了解的客户进行销售，效率都会很低。这个道理谁都明白，但现实是，没有多少人对他们的客户列表做足够的细分。

接受了这位销售人员的咨询之后，我和他一起仔细筛选了客户列表。

我们使用 Excel 对客户列表进行了筛选。

第一步是从总客户列表中算出"最近的签约率"，假设总客户列表的签约率为3%。

第二步是算出每个群组的签约率。这是为了从列表中删除效率低的群组。

第三步是删除它们，然后精简名单，使整体签约率达到6%（见图2-1）。

没有必要拼尽全力、锲而不舍地将接触客户的数量翻倍，也不要觉得只要能够一下子提高技能，就能提高签约率。即使你的销售技能不高，你也可以通过精简你要接触的客户名单，瞬间让自己的签约率翻倍。

筛选时，客户群组可以按照"行业""员工人数""分公司数""与其他公司合作的次数"和"与其他公司合作的次数的历年增长率"来进行分组，并分别计算签约率。通过筛选可能会和我们签约的公司，就可能把我们的签约率提高到6%。在这个案例中，得到的成果与计算结果一致，在保持访问的次数与以前一致的情况下，整个销售部门的新客户数量增加了一倍。

🏆 不要停止"独立思考"

但可能你会这么想，"在宝贵的销售时间里做Excel吗？这不应该是销售总部或者销售规划部门做的事情吗？"当然，这最好是由销售总部来做。然而，在这个日新月异的时代里，

将目标锁定为列表里灰色的客户，签约率立马提高一倍！

属性 1	属性 2	属性 3	接触客户次数（次）	签约率（%）
同行 A 公司利用	A 行业	员工人数多	380	7.0
同行 B 公司利用	A 行业	员工人数多	1200	6.4
同行 A 公司利用	B 行业	员工人数多	200	5.8
同行 A 公司利用	C 行业	员工人数多	600	5.2
无其他公司利用	A 行业	员工人数多	250	4.6
无其他公司利用	D 行业	员工人数中	1000	4.0
同行 A 公司利用	D 行业	员工人数中	50	3.4
同行 A 公司利用	E 行业	员工人数中	800	2.8
同行 B 公司利用	E 行业	员工人数多	650	2.2
同行 C 公司利用	F 行业	员工人数多	400	1.6
同行 C 公司利用	B 行业	员工人数多	200	1.0
同行 C 公司利用	C 行业	员工人数多	1500	0.4
同行 C 公司利用	D 行业	员工人数多	200	0.3
同行 A 公司利用	G 行业	员工人数少	1500	0.3
			8930	约 3.0

接触客户次数 1000 次　　3%　　签约数 30 件

属性 1	属性 2	属性 3	接触客户次数（次）	签约率（%）
同行 A 公司利用	A 行业	员工人数多	380	7.0
同行 B 公司利用	A 行业	员工人数多	1200	6.4
同行 A 公司利用	B 行业	员工人数多	200	5.8
同行 A 公司利用	C 行业	员工人数多	600	5.2
无其他公司利用	A 行业	员工人数多	250	4.6
			2630	约 6.0

接触客户次数 1000 次　　6%　　签约数 60 件

图 2-1　通过缩小客户访问列表，提高签约率

销售人员必须有独立思考的能力。

沃克曼公司（Workman）因快速发展而备受瞩目，该公司的理念可以对我们有所启示[1]。

该公司要求所有员工学习"使用 Excel 进行数据分析"。可能大家都认为有了人工智能，Excel 就没有用武之地了，但沃克曼公司仍然选择了 Excel。

"有了人工智能，员工就不再独立思考了。但员工需要独立思考的能力，这就是让员工使用 Excel 的原因。"

人工智能能够计算出"做某项工作的人买了某类产品"这种客户和商品的相关度，但人工智能无法解释其中的因果关系。这正是沃克曼公司看重的地方。

销售也是如此。为了制定一个可能性更高的客户列表，你可以每月花半天时间来做好 Excel，这会使你的销售效率更高。

与其增加访问次数，不如先精简你的客户接触列表！效率肯定会提高！

---

[1] 资料来源：《沃克曼公司不改变商品，只是改变了销售方法，为什么销售额会翻倍？》（酒井大辅，日经商业出版公司）。

03 收到投诉后会得到更多转介绍的原因

你不要因没有收到任何客户投诉而高枕无忧。比起那些什么都不说的客户，对你的应对态度感到满意的客户更有可能成为你的忠实客户。

🏆 什么都不说的人最可怕

"说出你对我们品牌的不满之处，就能得到 100 万日元"。20 多年前，某品牌觉得自己的产品竞争力不足时，举办了这样的一个活动，以了解客户平时不会说出来的不满。最后，收到的投诉数量约为 10000 件。

之后该品牌迅猛发展。我们可以看出，**"挖掘客户还没有反馈出来的不满，并迅速改进"**非常重要。

但为什么收到客户投诉很重要呢？

这在古德曼定律中早已得到证明（见图 2-2）。

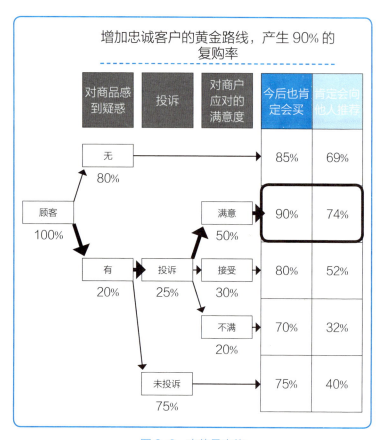

图 2-2　古德曼定律

资料来源：笔者根据《客户体验教科书》（约翰·古德曼，东洋经济新报社）整理。该书的中译本为《细节决定体验》。

　　古德曼定律由消费者行为分析方面的著名专家约翰·古德曼提出，是客户服务领域的一般理论。

　　这一理论清楚地表明，创造忠诚客户的黄金路线不是将投诉减少到零，而是确保我们能够挖掘出客户还没有说出来的问题，并以令客户满意的方式进行应对。这些事情都是人工智能做不到的。

🏆 不会挖掘客户"无声的抱怨"的销售人员将无法生存

我在这里想说的是，从现在开始，销售不能只是销售商品。

我们可以通过向客户提问来了解客户"无声的抱怨"，通过微小的面部表情变化和举止来发现客户"无声的抱怨"，然后立即做出让客户满意的应对。

但这并不意味着你直接问客户"您有什么不满吗"就可以了。这样的销售人员是不合格的。而且你会得到的答案也只是"没有问题"而已。

如果你询问客户"以 10 分为满分，我能得到多少分"，你可能会得到客户 8 分的评价。接下来，你可以继续这样问客户，"我应该怎样才能得到您的满分呢"，这样应该就能够了解那个"无声的抱怨"。

再者，金牌销售人员一直在想象"客户没有说出来的'不'"。这就是为什么他们能够在收到一个客户不满的意见之前，就能给出一个"满意的答复"。而且这样金牌销售人员会获得更高的复购率和转介率[1]。

但是，一开始你可能无法立即挖掘出客户这种"无声的抱怨"，这时建议你用分数来向客户询问。在我的培训课程中，我介绍了这个技巧，事实证明任何人都能立即做到，并获得了一致好评。

你应该做到比任何人都更关注客户"无声的抱怨"。

这肯定会改变你的复购率和转介率。

 用"10 分制"询问客户的满意度！

---

[1] 转介率是指同一时期内通过转介绍成交的客户占总所有成交客户的比例。——译者注

04 "上门销售"已过时,"情感联系"更有效

"签订合同前的热情程度"和"签订合同后的跟进热情程度"是否存在不同?客户会重视那些签约前后没有热情差别的销售人员。

🏆 销售人员在"购买后"的"跟进"上拉开差距

我来问你一个问题。

在签约前的推销阶段和签约后的跟进阶段,哪一个阶段你对客户的热情程度更高?

这是我在培训课上经常问的一个问题,每次提问都让会场轰动。

这是因为几乎所有的销售人员都在签约前的推销阶段更有热情。

但那些保持高业绩的销售人员却不是这样。他们反而会在签约后的跟进阶段拉开和其他销售人员的差距(见图 2-3)。

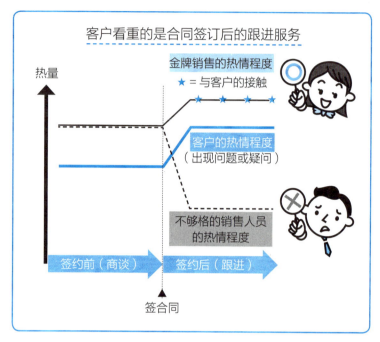

图 2-3 销售中的"热量法则"

对于客户来说，"真正的交易"在购买之后。

如果有任何问题或疑问，他们希望销售人员能够立即帮他们解决。

客户会去联系那些签约前和他们说"如果你有任何问题，随时给我打电话"的销售人员。

然而，大多数销售人员却并不像签约前那样热情。

通常情况下，销售人员的应对会慢一拍，或者销售人员只会给客户发送一个带有解决办法的网址链接。

正如约翰·古德曼所说[1]："客户觉得他们之前的期待落空了，原因往往在于和销售人员沟通不当。这会比产品或服务本身的缺陷更容易导致客户的不满和忠实客户的流失。客户会觉得他们被骗了。"

如果你最近发现自己没有得到很多复购和转介绍，就应该反思自己是不是签约前后表现出的热情不一致。

🏆 比其他销售人员更加努力地去跟进客户

我希望你不仅能够消除签约前和签约后的热情差别，还能够在跟进阶段表现得更加热情。

这就是有计划地和客户建立"情感联系"的重要之处。

情感联系不是由"合同"之类的关系联系起来的，而是由"喜悦""感激"等正面情感来联系起来的。

在销售过程中，客户可能会惊讶地说："您怎么知道我现在正好遇到了这样的问题？"这样敏锐的洞察力是销售人员应该具备的。

有一个很好的方法可以实现这一点。这就是"用科学思维选择最佳时机"。

这是我在销售培训中引入的一种方法，该方法得到了一致好评。

---

[1] 资料来源：《客户体验教科书》（约翰·古德曼，东洋财经报社）。

例如，根据我在招聘广告销售方面的经验，情况是这样的。

假设换工作的人和录用这个员工的公司都会出现"不（不安、不便、不满）"的情绪，我们应该尝试在日常工作中加入回避这个不良情绪的举止。

我们知道员工产生焦虑情绪的高峰期是在换工作的一个月后。

这在日本的招聘网站多达网（doda）的一项调查中得到了证明，该调查发现"近九成（86.8%）换工作的人都会在第一个月产生焦虑情绪"[1]。

进而言之，其实换工作的人感到焦虑的原因也几乎是固定的。

那就是"人际关系""业务内容""公司氛围"。

这也与日本多达网相关调查的结果一致。"换工作后，你对什么感到不安？"以下是该问题的排名前三的回答。

"不知道自己能不能处理好人际关系（87.7%）"。

"不知道自己能不能跟上该公司业务内容（85.2%）"。

"不知道自己能不能适应公司氛围（公司文化）（82.3%）"。

清楚了原因之后，接下来就是找好时机，决定"什么时候"去"做什么"。

以下是我当时实际做的事情。

---

[1] 资料来源：日本多达网对 550 名 20~40 岁已更换工作的商务人士进行的调查（2018 年 4 月）。

（1）在员工入职前，我向该员工的人力资源经理介绍了"入职第一天就被公司接纳"的成功案例。

（2）员工入职一周后，我会向他的人力资源经理核实双方是否就岗位职责达到一致。

（3）员工入职一个月后，我会重点考察该员工是否融入该公司。

（4）员工入职两个月后，我会重点考察该员工是否"跟上业务内容"。

（5）员工入职三个月后，我会重点考察该员工"人际关系是否良好"。

如果出现问题，我们就一起解决。

如果进展顺利，我们也会根据具体情况请求客户帮我们推荐。

乍一看，这似乎是一个费时费力的工作，但其实我们下的功夫与正常的销售是一样的。

这也是我们每天都在做的销售。

这虽然看起来很简单，但十分有效。

其他公司的大多数销售人员都没有这样做。

我建议你决定好在每个时间需要做什么。

所有事情其实都一样，等客户来找你的时候你再去解决，不如在客户来找你前，你就去想办法。做一个"总会在正确时间出现的销售人员"，靠的是把"什么时候"和"做什么"都纳入你的日程安排。

在签署合同后，保持热情的销售人员将获得大量的复购和转介绍。

05 重要的不是满足客户的期待

客户的目光是严厉的。如果你只是满足了他们的期待，实际上他们并不会那么感激你。但是，如果你能够做到超出客户的期待三四次，客户就会成为你的粉丝。

🏆 只有人才能够做到的事情

前文提到，建立情感联系的关键在于跟进阶段中销售人员与客户的接触。

其实，建立情感联系还有其他的要点。那就是关注每一次与客户接触的"质量"。

及时解决客户遇到的问题，回答客户的疑问，这是理所当然的。仅仅做出客户期待的回应，并不足以让客户满意。只有做出超出客户期待的回应，销售人员才能真正地让客户满意。

网上鞋类零售商扎珀斯公司（Zappos）的感人故事很有启发意义。

这个故事讲的是一位女客户为她生病的母亲买鞋的事。

不幸的是，她母亲的病情恶化，离开了人世。

悲伤之余，这位客户联系了扎珀斯公司，并决定将鞋子退回。

第二天，这位女士打开自己的房门时很惊讶。

扎珀斯公司已经送来了"哀悼的花束"。

这位女士在她的博客中写道："我从未如此感动过。如果你也要在网上买鞋，那么我推荐扎珀斯！"

你是否也有过类似的经历？比如说，有一天，你不小心忘记带你的身份证，但是负责人见过你，就让你进去了；或者在会议开始前，有人给你拿了一些点心；或者收到过一些赠品，附带的纸条上写着，"希望您的生意更加兴隆"。

以上这些都是客户"一定会喜欢的经历"。

为客户降价并不是维系客户的唯一要素。

那些超出客户期待的接触，会让客户成为你的粉丝。

🏆 了解"价值的四个层次"

当然，销售人员与客户的接触也会有一些限制。毕竟有些事情你可以做，有些事情你不可以做。如果是后面这种情况，销售人员应该思考在这些限制条件下自己能做什么，然后在与客户的所有接触过程中提供这些。销售人员如果这样做，就肯定会得到客户的感谢。

服务管理的权威卡尔·阿尔巴切特（Karl Albrecht）提出

的"（客户）价值的四个层次"应该有助于我们思考。

你会把价值的四个层次中的哪一个层次作为自己的销售标准？

价值的四个层次：

第一个层次：基本的价值——交易的规则（销售人员如果不遵守，就可能会被客户投诉）。

第二个层次：期待的价值——考虑到之前做过的事情，客户可能会期待的价值。

第三个层次：需求的价值——会让客户非常高兴的价值（如果销售人员没有提供这个价值，也不会造成客户不满，但是有的话，客户会很高兴）。

第四个层次：未期待的价值——完全没有想到的惊喜。

比如，跟进客户、向客户提出建议、定期联系客户，这些事情从客户的角度来看都是"理所应当"的，那么这些就只是期待的价值。

你需要知道的是，**即使你提供 100 次基本的价值和期待的价值，你和客户的情感联系也不会变得更强。**但是，如果你有一次未能提供基本的价值，客户就会感到不满意。**关键是你要提供超出客户期待的价值。**

通过在每一次接触过程中都超出客户的期待，你与客户的情感联系就会得到加强，这对你的竞争对手来说也会成为一种阻碍。

不需要把这个想得太难。

只需要做到掌握"客户想要知道的信息"和提前做出"客户可能需要的服务"就可以了，做会比不做强百倍。

在与客户的每一次接触过程中，你都超出客户的期待。让额外的行动成为你的新标准！

06 让"不愿推荐"的客户在三分钟后"想推荐"的话术

你是否曾经说过："我赠送您一张交通卡，可以请您帮我推荐一下吗？"

在这个时代，很少有人会为了得到一张交通卡而去推荐产品。

🏆 理解客户的"想为我们介绍的心情"

我曾向一家人寿保险公司的金牌销售人员提出了这个要求。

现在，我想请你们做一个关于如何获得转介绍的角色扮演。

我将扮演客户的角色。但让我先告诉你一件事。

这个客户绝对无意给你介绍。

在这种难度极高的环境下，游戏开始了。

仅仅过了三分钟，客户就愿意帮忙推荐产品了。

如果是你的话，你会怎么做？

以下是他的角色扮演过程。

销售人员：您知道吗？如果患上 ××× 疾病，现在的保险审查会更加严格。

客户：为什么呢？

销售人员：因为没有找到完全的治疗方法，所以保险的审查会变得很困难。我了解到，您儿子已经进入工作岗位，不知道您儿子知不知道这个情况。

客户：他应该知道吧。

销售人员：如果可能的话，我建议您还是确认一下比较好。

客户：好的（如果他没有加入保险，到时候就让这个销售人员来帮他办理吧）。

当然，部分原因也在于我平时就知道他们是守信的，但如果我儿子没有投保，我可能真的会给他们介绍。

🏆 关键是"为了您"和"为了他们"的想法

你有没有注意到，这次谈话包含一个重要的内容。

关键是，这不是一个"为我（销售人员）做的介绍"，而是一个"为了您儿子而做的介绍"。

金牌销售人员说"为了我（为了我的业绩）"是很难得到客户的推荐的。必须是"为了您（对您而言）"，才能得到客户的推荐。

的确如此。如果不是"为了您"和"为了他们"，客户是不会想帮忙推荐的。

但你不觉得吗？"这可能只是场面话。其实还是'为了我'（为了我的业绩）。"

我当时问了他这个问题。以下是他的回答。

我不能说这不是为了业绩，因为我也在做销售。

但如果只是"为了我"的话，并不能打动人心。

重要的是有一个"名目"。请一定记住这一点——为什么要有"名目"。

例如"我们日前正在开展推荐活动，我们将赠送您一张交通卡"，就缺少一个"名目"，还存在改进的空间。

封存"为了我"，让"为了您"和"为了他们"成为你的规则！

07 不否定对方的"应酬话术"会成为你的武器

有比花言巧语更重要的事情。滔滔不绝可能会给人留下咄咄逼人的印象。

高超的应酬话术，能使我们更好地配合客户的说话节奏。

🏆 已经过时的"应酬话术"

当你从事销售工作时，可能经常被拒绝，甚至对此感到厌倦。

这就是我们要从金牌销售人员那里学习"应酬话术"的原因。

然而，以前的应酬话术现在看来会显得有些咄咄逼人。

这里有两个例子：

"已经过时的应酬话术"：模式 A

客户：我很忙，所以不用了，谢谢。

销售人员：虽然大家开始都这么说，但最后都会选择购买。

"已经过时的应酬话术"：模式 B

客户：不用了，我们在使用其他公司的产品。

销售人员：如果是这样的话，我们希望提高我们公司的产品竞争力。您愿意和我们谈一谈吗？

的确，以前是这样的。

这有点像文字游戏，而且时代允许这样的话术。在我从事销售工作初期，确实有很多前辈使用这种话术。

但时代已经改变。

这些话如今听起来有些咄咄逼人。

在某些情况下，它甚至可能会给我们公司造成不利影响。

🏆 基于客户立场的"应酬话术"

现在我推荐的方法不是这样的文字游戏，而是使用礼貌的语言来顺着客户的话往下说。该"应酬话术"是这样的。

"基于客户立场的应酬话术"：模式 A

客户：不用了，我很忙。

销售人员：这样啊！非常抱歉。我想您也可能在忙。如果这样的话，我可以用一句话向您介绍如何以目前一半的成本实现 ×××。如果您不介意的话，可以请您听一下吗？

"基于客户立场的应酬话术"：模式 B

客户：不用了，我用另一家公司的。

销售人员：非常抱歉，我们没有意识到您在忙。实际上，我们要介绍的服务或许将使您以目前一半的成本实现 ×××。我可以用一句话向您介绍下该服务吗？如果您不介意的话，可以请您听一下吗？我相信，对您来说，该服务也是有用的。您怎么看？

顺着客户的话往下说。

这就是当前的应酬话术的风格。没有必要咄咄逼人。

此外，你可以用一个"明确的利益"来吸引他们，让他们感兴趣。

如果他们拒绝了你，你仍然能够给他们留下感觉良好的印象。

这是一个避免失去下一次机会的好方法。

"不否定对方的应酬话术"应该写进你的剧本里。

08 学会"创造需求"的倾听技巧

需求不是现有的，而是通过销售人员的倾听创造出来的。

从现在开始，让我们在听到"没有需求"时，设法挖掘需求吧！

🏆 不能止步于"没有需求"

在销售过程中经常出现"客户没有需求"这一句话。

但这是不够的。再往前走一步就会成为你的"机会"。

需求不是"原本就有"的，而是"被创造"的。

记住"倾听的四个步骤"是个好主意，那些能够不受商业环境影响而取得成绩的销售人员就是这样做的（见图 2-4）。

倾听的四个步骤

让客户谈销售人员存在的"问题"及其带来的"风险"，
来让销售人员意识到客户的需求

确认现状

是否被充分使用（包括过去）
产生需求的原因
其他公司的产品的使用现状
以及选定的基准和评价
订单的规模和频度
未来的使用计划等

确认问题和风险

您对 ××× 有任何担忧吗？
您对 ××× 是否满意？
如果以 10 分为满分，您打
几分？

现在不需要。

现状

原来如此，我可能需要这个。

问题（不）

如果您有解决办法的话，我想听一听。

赞同我的提议

风险

让客户认同我们的方案

这对您是很重要的部分吗？
我有一个解决办法，您愿意听一下吗？
之后，给出"你带来的方案"

让客户意识到风险

如果我没有解决这个问题，
您觉得会出现什么情况？

图 2-4　倾听的四个步骤

通过这四个步骤，我们可以很好地倾听客户的声音。

创造需求的关键是在询问客户现在的"问题"以及问题带来的"风险"时，销售人员一定要仔细倾听。

我们的目的不是让客户觉得我们销售人员理解了他们的难处，而是应该专注于通过与客户交谈，让客户发现自己的需求。

客户自身来谈论这些问题，能让他们对自己的需求有一个新的认识。

🏆 在每个"步骤"中要做什么

以下是对四个步骤中每个步骤的要点总结。

[**确认现状的步骤**]

从容易回答的问题开始。

询问过去或现在的情况比询问未来更容易。

问题的内容应该集中于"购买和使用状况""是否使用其他公司的产品和服务""选择公司服务的标准""使用后的评价""未来使用计划"，以及"是否有考虑我们公司产品的余地"。

即使客户说他们目前没有需求，也不要立即给客户提建议。总之，你先只是倾听。在完成四个步骤之前，你不要给出任何提议。

[**确认问题的步骤**]

确认完现状之后，即使客户没有需求，也请他们想一想他们的目标，也就是"他们希望取得什么样的成果"。

以 10 分为满分的话，他们能够打几分？是否有不满意之处？这样的问题可以帮助我们更好地了解他们。

等他们告诉你后，接下来我们可以向他们提出"现在是什么情况""为什么会这样呢""该怎么办才好"的问题，并让他们给出答案。

[确认风险的步骤]

接下来，请客户思考"如果问题不能得到解决，会发生什么"。

这是一个很难回答的问题，所以我们可以先铺垫一下。

"请原谅我问这样一个直白的问题。如果问题不能得到解决的话，您觉得会出现什么情况？"

[让客户认同我们的方案的步骤]

提供我们的方案，让客户认同。

"我想我可以告诉您如何解决这个问题。如果您觉得可以的话。"

在这个过程中，即使一开始客户没有需求，我们也可以通过倾听客户来创造需求。

🏆 当客户说"没什么问题"时的对策

我经常收到这样的提问。

在我们提问题的过程中，如果答案是"没什么问题"的话，我们应该怎么做？

如果是这样的话，我们可以试着用不同的方式来询问客户。

试着问一个更有针对性的问题，如"您觉得服务这方面做得怎么样""环境方面如何"。

"非常抱歉，我好像问了一个有点模糊的问题，在服务方面，您希望改进哪里呢？"

如果客户难以回答，不妨问一下"服务"或"现在的情况"。

（1）服务方面的不足：希望降低成本，希望更好操作，难以看到效果等。

（2）现状的不足：公司的话，可能想增加销售额，想解决员工短缺问题等。个人的话，希望提高生活水平，向往能力有所提高等。

这就是销售人员的干预价值之一，就是让客户"意识到存在的问题"。你可以尝试通过倾听为客户提供一个意识到问题的机会。

 客户需求不是现有的，而是需要我们去创造的。

09 想让客户购买，就不要只提供"商品"

> 无论多么美丽的石头，都很难卖出高价。
> 但是，如果你告诉一个肩膀酸疼的人，用这个石头
> 点压穴位后，他的肩膀会很舒服。他会感谢我们的。

🏆 一流的销售人员卖的不是"商品"

在本书的开头，我就说过，"只介绍产品"和"只听取客户需求"的销售人员在未来将变得不被客户所需要。

这是因为他们将被内部销售所取代。

我还说过，在不久的将来，有一种类型的销售人员会派上用场。

那就是"顾问式销售"，也就是能够唤起客户需求的销售人员。

如果你想成为解决方案式销售人员，请将你的思维方式从销售"商品"转变为销售"解决方案"。

事实上，向客户推荐是有层次的。

三个层次的推荐：

第1层：给出你们公司产品的性能和功能。

第 2 层：给出你们公司产品和其他公司的不同。

第 3 层：给出该产品对客户的好处（如问题的解决等）。

应该提出的是第 3 层，"通过产品可以为客户带来的好处"。

在这一点上，大家已经能做得很好了。

这是因为我们刚刚在"倾听中创造需求"这一点学会了如何问出客户存在的"问题"。如果你做到了这一点，你自然就能提出第 3 层建议了。

如果你只问出客户的现状的话，那么你的建议可能就会是第 1 层或第 2 层的。你就是一个"只介绍产品"的销售人员。

让我们以公司汽车销售人员为例。

如果你只是问出了客户的现状，那么你的建议将停留在"该车配备了最新的自动驾驶技术""该车配备了自动驾驶技术，可以减少 20% 的事故风险"的程度。这还只是一个"介绍商品"的过程。

我们应该提出的是为客户带来的好处。换句话说，也就是为客户解决问题的方案。

实际的谈话可能是这样的。

"您之前告诉我们，贵公司的许多人都有驾驶证但从不开车，可能他们对驾驶有顾虑。该车型配备了最新的自动驾驶功能，贵公司的员工可以放心地驾驶。我们可以自信地说，这会提高贵公司员工的职场满意度。"

换句话说，即使是同样的"商品"，我们也应该根据客户面对的问题，用不一样的方式进行销售。

　　即使是同一家的牛肉饭，对想省钱的人可以说"您可以经常去，因为它很便宜"；对很忙的人可以说"您可以在10分钟内吃完，便于您更好地利用午休时间"（见图2-5）。

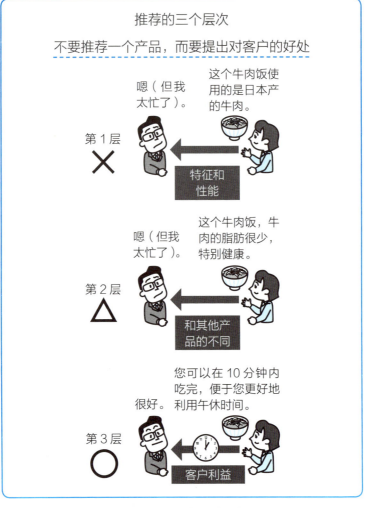

图 2-5　推荐的三个层次

078

　　只要你了解你的客户，你就可以改变你的措辞。

　　在未来，即使是同样的产品，也需要销售人员根据不同的客户调整措辞。这就是销售人员需要具备的推荐能力。

产品可能是一样的，但根据你面对客户的不同，可能会有多种不同的建议！

10 掌握会被客户感谢的完成交易的技巧

销售人员强制完成交易会被客户讨厌，但不完成交易也会被客户讨厌。

让我们来看看销售人员如何让客户满意地完成交易。

🏆 "不完成交易"的问题所在

在销售培训中，我们收到的一个普遍关注的问题是这样的。

"完成交易太可怕了，不敢做。"

他们中的许多人不敢完成交易，而是让客户来做决定。

我向你保证，这是个大误区。

就好像我们不求婚，而问对方"您觉得怎么做比较好？您来定就可以，我等您的答复"。

完成交易是一种鼓励客户做出决定的服务。

除了竞标，在可以正常签订合同的销售过程中，如果客户对这个建议感兴趣，你一定要完成交易。

被拒绝也是可以的。但这不是一个否定的信号。

如果客户因有疑问而无法给出结论，是正常的。

你必须礼貌地解决客户的疑问，而不是用花言巧语"说服"

客户。

这就是"完成交易"的意义所在。

我们不需要强硬地和客户说，"其他的客户也对这个项目感兴趣""我们现在有一个很好的价格""之后取消也可以"。

有一天，我听到一个销售人员说："老板，您是个男人吧？您为什么定不下来呢？"在我看来，这简直是事故现场。

这种商务对话只会导致信任的丧失。

🏆 为了得到客户的感谢，我们应该学习如何正确地完成交易

如果你突然说要签合同，可能会被客户讨厌。

在完成交易时，我们需要遵循客户的想法。完成交易的流程如下。

第一步：尝试完成交易。

提出建议后，测试客户是否有兴趣签署合同。

"如果您不介意，我可以给您提供一个报价。"

"如果您愿意，我可以先帮您安排好。"

"如果您愿意，我可以为您准备一个方案。"

↓

第二步：直接完成交易。

如果你在第 1 步的测试中收到了肯定的答案，这表明客户有"签订合同的意向"，则可以尝试直接成交。哪怕被客

户拒绝也是可以接受的。

"谢谢您。那我这就去准备。"

"我将尽我所能为您提供服务。"

"如果您不介意，如果您也有和我签署协议的意向，我可以为您准备一份合同。"

第三步：解决客户的"不"（消除客户不明之处和不安之处，解决客户不满意之处）。

通过询问，消除客户感受到的"不"，说服客户。

"抱歉，请问您还有什么顾虑之处吗？"

● 消除客户的不明之处和不安之处

客户：它真的有效吗？

销售人员：（用事实、例子和数据来消除客户的不安之处。）

"请看这里。正如您所看到的，我们的商品已经取得了成果，许多客户都很满意。您看您的担忧得到解决了吗？"

● 解决客户不满意之处

客户：这个价格太高了，你不能给我一点优惠吗？

如果能打折的话，我可以购买。

销售人员：您在意这个价格太高了，是吗？非常抱歉，这个商品没有办法打折。

但您之前说想要解决 ××× 这个问题。这个产品是最合适的。不知道您意下如何?

就像这样询问客户,如果客户没有顾虑,我们就能拿到一份合同。

这里有两件事很重要。

第一,销售人员在尝试完成交易后,立即直接完成交易。这是在客户考虑报价的时候,"推"他们一把。

第二,如果客户有任何"反对意见",销售人员不要试图说服客户,而要礼貌地排解客户的顾虑。这个过程的礼貌性将影响客户的满意度。

而事实上,有一件事人工智能永远也做不到,那就是这个完成交易的过程。

人工智能可以高度准确地推荐"这个产品很好",但它无法在客户犹豫的时候让客户下决心购买。要知道,销售人员的作用是通过对话有礼貌地推动客户进行购买。如果是好产品,客户以后肯定会感谢你。请勇敢地尝试完成交易吧。

 **完成交易是一种督促客户下决心的服务。对客户来说也是必要的。**

第3章

成为一个让客户
愿意找你购买的销售人员

01 创造一个让人愿意选择你的理由

让人们愿意从你这里购买的关键是满足关键购买因素，但大多数销售人员不会去谈论它。

🏆 即使完全相同的饼干，价格也可能不同

让人们愿意从你这里购买的关键是"展示你与竞争对手的不同，并将自己与竞争对手区分开来"。**这就是客户愿意冒风险选择从你这里购买的原因。**

但大多数销售人员"只是走过场，没有通过差异化将自己与对手区分开来，没有展示自己的独特性"。

我们需要知道"稀缺性"的本质。

有一项知名的调查是由斯蒂芬·沃切尔（Stephen Worchel）在 1975 年进行的。

有两个瓶子。第一个瓶子里有 10 块饼干，第二个瓶子里有 2 块饼干（见图 3-1）。

图 3-1 "稀缺性"调查

你觉得哪个瓶子里的饼干更有价值？

调查结果显示，大多数的人都觉得，第二个瓶子里的饼干更有价值。也就是说，即使是同样的东西，当它不存在其他能够取代它的事物时，人们会觉得这个东西更可贵。我们先要知道这一点。

🏆 让你成为"独一无二"的销售人员的办法

下面，让我们进入正题。比方说，你是一家零食制造商的销售人员。

假设你的对手的销售方法是"定期探访客户"。

但是，如果你比你的对手更频繁地去探访客户，你和对手就会陷入一场"消耗战"。

这被称为"同质化战略"，是处于主导地位的人使用的策略。

如果你是在竞争对手之后才接触客户的话，最有效的方法是"差异化"。

如果你想让人们选择你，你必须将自己与竞争对手区分开来。

关键是要从客户的关键购买因素来考虑。这将帮助你有效地进行"差异化"。以下是具体的操作步骤。

第一步：思考客户的关键购买因素。

从客户的角度出发，想一想有什么会对客户是否决定购买该商品产生重大影响。

最好是以"如果销售人员能做到这一步的话，我会很高兴"这样的方式来思考。

例如，如果可能的话，我不仅希望收到关于糖果的信息，还希望收到能够促进销售的方案。

如果可能的话，还希望你可以告诉我关于我的竞争对手的信息。

第二步：思考找出关键购买因素的行动。

针对你设定好的关键购买因素，想出"只有你能做的方式"。

建议从"通过做某事来实现差异化"的角度进行思考。

例如，除了介绍零食，还可以通过提供 POP[①] 广告的成功案例和利用社交网络服务进行促销活动的成功案例等，来进

---

① POP 全称是 Point of Purchase，意为卖点广告。POP 是一种店头促销工具，包括吊牌、海报、小贴纸、实物模型等。——编者注

行服务的差异化。

关键购买因素是营销的基础，**但我们之所以敢于从这个角度思考，是因为很多销售人员没有机会学习营销，往往从销售战术，即谈话和工具的角度来思考**，从而错过了关键购买因素的角度。

这就像一个厨师认为如果他提供自己认为好吃的食物，他的店就会"火"起来一样。

如果没有考虑关键购买因素，只是觉得这么做比较好就去做的话，往往无法真正地打动客户。

什么是关键购买因素？还有其他的关键购买因素吗？我们能否挖掘出新的关键购买因素？等等。保持对关键购买因素的思考是让客户选择你的关键。

 成为客户的关键购买因素的专家！

02 关于客户习惯的新思维方式

"差异化"是你绝对需要的销售战略。

但客户并不要求你进行服务的差异化。

🏆 人们总是去找同一个美发师的原因

要让他们愿意"从你这里购买",你还能够这样做。

那就是**成为客户的习惯**。

请让我稍微解释一下。当下,"客户习惯"的概念已引起了很多人的关注。

人们认为,**成为客户的习惯是最有力的营销活动**。

确实是这样的。

你是否有常去的美发店和常去的餐厅?

甚至有相熟的美发师和常点的菜?

我们是不是不怎么愿意去冒险?

就和这些例子一样,如果购买成了一个"习惯",复购率自然会提高。

《哈佛商业评论》日本版(2018 年 3 月)在其特别专题"如何成为客户的习惯"中给出了以下的提示:

"客户不一定在意差异化，而更乐于省事。"

的确如此。有价值的往往是简单的互动。

🏆 "不做改变"也有价值

那么，我们要怎么做才能成为客户的习惯呢？

宝洁公司首席执行官阿兰·乔治·雷富礼为该专题撰文，从报道中，可以看出"不改变"，以及"简化交流"的重要性。

宝洁公司有一个经典品牌——汰渍。

起初，汰渍品牌的产品包装是橙色。然而，当公司将产品包装改为蓝色后，产品销量骤减，于是公司立即将产品包装改回了橙色。换句话说，因为"汰渍就是橙色"这个理念已经在人们心中根深蒂固，所以橙色的包装让人更有安全感。

更换销售负责人，是不是给客户增加了压力？

其实也是一样的。不发生改变会让人有安全感，这也是一种价值。

那么，作为一名销售人员，你应该怎么做？

虽然这个做法很普通，但通过"反复做同样的事情"来成为客户的习惯——甚至在最新的营销理论里，这个做法也是销售"王道"。

"（即使不说）每周都会露面，提供竞争对手的信息。"

"（即使不说）每次都会提出包括促销企划在内的提案。"

"每月和客户召开 3 次新的信息交换会议。"

"接手客户时，最开始都会沿袭和前任销售负责人相同的模式（当然仅限最初）。"

这样做会使客户产生新的习惯，也会形成竞争对手无法介入的屏障。

需要注意的是，在你从你的前任销售负责人手中接手客户时，如果**客户的详细信息得到了转接，并且你以同样水准为客户提供了服务**，那么客户即使面对不同的销售负责人，也不会无所适从。

但是，如果客户的详细信息没有得到充分转接，销售服务未被延续，客户的习惯就会被打破，客户流失的风险就会增加。

此外，善意的效率改进也有可能对客户造成压力。

因此，在接手客户时，一定要确保你对前任销售负责人的销售办法有详细的了解。

敢于"不改变"也会塑造较高的客户满意度。

03 不让竞争对手靠近的方法

"该不该买？""该选择哪个品牌？"

客户需要的就是能够坦然回答此类问题的人。

🏆 成为客户的"自己人"意味着什么

在成为客户的习惯时，有一些东西是销售人员需要注意的。

那就是**让客户感觉你是"自己人"**。

如果是对私销售，你就像一个"熟人"。

对公销售，你就像那家公司的"外部头脑"一样。

如果客户能这样想的话，会怎么样呢？

"怎么办呢……虽然还没定好该怎么做，要不我们问一下那个人吧！"这样的话，客户就可以很自然地来找你商量。

这样的话，你就可以从和竞争对手**"战斗的舞台"转移到竞争对手"无法靠近的舞台"**。

自然，客户在接触你的竞争对手之前，会先征求你的意见，这样你就不需要和你的竞争对手对抗，你提出建议的机会自然会增加。

此外，因为这不是一场竞争营销，所以合同签约率会大幅提高。

事实上，自从我学会了这个方法后，我收到了更多来自客户的咨询，销售变得更加有趣，我的销售业绩也得到了极大的改善。

🏆 在"上游"竞争

虽然谁都想在"上游"竞争，但很难摆脱"与竞争对手战斗的舞台"。

那是因为我们没有改变"战斗场所"。

那么，"战斗场所"在哪里呢？

就是在客户决策的"上游"决一胜负。

请看图 3-2。金牌销售人员的目的是让客户在做出决定之前——当他们还在犹豫是否购买或还没决定选哪个品牌时——就与你联系。

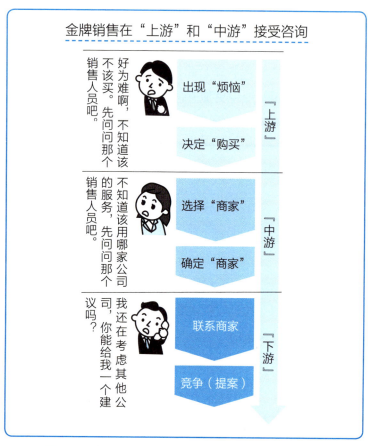

图 3-2　金牌销售人员在"上游"和"中游"接受咨询

那么你应该怎么做呢？

为了让客户在"上游"和"中游"阶段就来咨询你，你至少需要做三件事。

（1）事先收集客户的"状况"和"问题"信息。

（客户的价值观、客户的问题意识、客户想做的事、客

096

户所处的环境等。）

（2）了解竞争企业的商品、服务。

（做到能够讲出竞争对手的优点和缺点。）

（3）不强求、不贪婪。

（从与客户相同的角度思考，"如果我站在您的立场上的话，我会……"）

这就是**成为一个能够坦然回应客户咨询的销售人员的办法。**

客户需要这样的销售人员。我们应该做好在"上游"竞争的准备。

 在"上游"接受客户"咨询"才能最大限度地压制竞争对手。

04 你有没有因为"客户至上"而对客户言听计从

普通销售人员想要满足客户的"要求"，而金牌销售人员试图解决客户的"问题"。

🏆 只是保持低姿态，销售是做不下去的

"喜欢与人打交道""想让别人高兴"可能是你应聘销售职位的主要动机。

但仅凭这一点，无法使你成为一名金牌销售人员。

这也是有客户服务经验的人容易失败的地方。客户服务和销售之间存在着根本的区别。

一心只想取悦客户，并尽全力回应客户的要求的风格，往往会导致销售遇到瓶颈。

事实上，销售人员存在必不可少的两大技能，那就是"倾听技能"和"发现问题的技能"。

瑞可利公司进行了一项有趣的调查。他们调查了 1500 名活跃的销售人员，发现上门销售时，无论在对公销售还是对私销售中，排名第一、第二的都分别是"倾听技能"和"发现问题的技能"（见表 3-1）。虽然沟通能力和执行能力都

是不可或缺的，但更多的销售人员意识到，仅靠这些还不足以取得成果。

表 3-1　销售人员的两大技能是"倾听技能"和"发现问题的技能"

	有形	无形	高额	非高额	1 位	2 位	3 位	4 位	5 位
对公销售	*		*		发现问题的技能	倾听技能	逻辑思维能力	信息收集能力	沟通能力
	*			*	倾听技能	发现问题的技能	信息收集能力	沟通能力	执行能力
		*	*		倾听技能	发现问题的技能	逻辑思维能力	信息收集能力	沟通能力
		*		*	倾听技能	发现问题的技能	沟通能力	信息收集能力	执行能力
对私销售	*		*		倾听技能	发现问题的技能	沟通能力	信息收集能力	执行能力
	*			*	倾听技能	发现问题的技能	沟通能力	信息收集能力	执行能力
		*	*		发现问题的技能	倾听技能	沟通能力	信息收集能力	执行能力
		*		*	发现问题的技能	倾听技能	沟通能力	执行能力	信息收集能力

资料来源：瑞可利公司《从 1500 名销售人员那里得知的"16 个不同领域"中不可或缺的技能》（2012 年 7 月）。

🏆 什么是真正让客户满意的销售

有时，人们试图通过回应客户的详细要求来获得客户的信任，但这其实是一种"客户服务的工作理念"。

销售人员应该最优先考虑解决客户的"问题"。

以下是销售人员在通过访谈发现问题时使用的谈话方式。

客户："还是便宜点比较好。"

销售人员："好的，我可以再问您几个问题吗？"

……

销售人员："谢谢您告诉我这些，确实价格是很重要的。这样您看可以吗？听了您的话，发现您在考虑价格的同时，对稳定的品质、商品交付的及时性也很重视。"

客户："确实是这样。"

销售人员："知道了。您在考虑价格的同时，也希望保持稳定的品质。那么，我们还可以提供及时交付商品的服务。您看怎么样？"

当客户说"我想要红色"时，客户服务人员的工作就是以礼貌的方式提供红色。

当客户说"我想要红色"时，我们销售人员给他们展示蓝色，使他们感到更加满意。这就是销售人员的作用。

🏆 把客户的一切优先就可以吗

但有时也有一些销售人员是这样的。

"客户至上！我们是中小企业，什么都要做！如果客户有需求，即使是节假日，我们也会过去的！"

这就是一个过度满足客户要求的情况。这就是所谓的分包商心态。

我虽然理解这种心情，但我觉得"他们没有理解销售的本质"。

越是这样的公司，销售能力越低下，更可怕的是经营利润率低下，虽然他们暂时可以勉强维持与某些客户的业务，但不见得在 10 年后还能够继续维持下去。我能感受到这家公司的不稳定性。

例如，这种回应是绝对不可取的。

客户："价格越低越好。"

销售人员："好的，那我建议选择这个便宜的方案。"

客户："比起电话啊，我更想希望可以和销售人员见面谈。"

销售人员："好的，那我每周都去拜访您。"

这样下去的话，我们肯定会不被重视。

🏆 "发现问题"其实并不难

为了避免这种情况，要先通过访谈找出我们需要解决的问题。

你可能认为这听起来很困难，但事实并非如此。

我们需要提前准备好问题的清单。

例如，当我还是一个招聘广告推销员时，我的问题清单是这样的：

"增加应聘数量"的"量"的问题。

"提高应聘质量"的"质"的问题。

"提高应聘的录用率""提高录用的稳定率"等"×××率"的问题。

我把问题集中在这三个方面，因为这就是销售人员的"制胜法宝"。

如果我们为了满足客户的要求，将"使应聘业务变轻松"设定为问题，合同签约率就会下降。

这是因为有一些竞争对手的公司专门从事这方面的工作。

销售人员发现，其实在某种程度上，"擅自决定"也是可行的。

一定要确定一个对你的客户有利的问题清单。

这将提高你的合同签约率，同时确保客户的满意度。

如果你任由客户摆布，你就输了！我们要明确地确定我们要解决的问题！

05 在"绝妙的时机"与客户联系的诀窍

就像一流的厨师会按照客户的节奏提供食物一样，
一流的销售人员也会按照客户的步调，并尽可能在
"绝妙的时机"与客户联系。

🏆 好像是会"心灵感应"一样

所有受到客户信任的销售人员都有一个共同点。

"我正准备给您打电话。您是怎么知道的？"

他们经常被称赞。

就好像他们会"心灵感应"一样，**在客户正想和你商量一下这个问题的时候，精准地联系客户。**

当然，做起来是很困难的。

但如果做不到这一点，你就不能成为一名合格的销售人员。

因为错过时机而失去订单，其损失可能比你想象的要大。

因为这不仅仅是销售业绩的损失，如果对手的公司恰好在这个时候与你的客户进行了联系，会怎么样呢？

客户会更加赏识你竞争对手公司的销售人员？

没有什么比这更糟糕的了。

但是，没关系。

我们可以学会"心灵感应"。

换句话说，"心灵感应"就像魔术一样，是有诀窍的。

🏆 你是否对未来三个月做了规划

我希望你可以现在就做。

把自己未来三个月的计划排满。

先检查你未来三个月的时间表。

如果存在空白，说明你可能正忙于处理最近的任务。

销售都是先发制人的。计划不是自己来的，而是由我们制订的。

发挥你的想象力，想一想你要做什么，不断地写下未来的计划。

我来介绍一个例子吧。

如果是对公销售的话，你可能在年底结账月、半年结账月、年初年末或其前后都有事情要做。我认为在那段时间去拜访问候客户，感谢他们这一期对我们工作的支持，同时和客户谈一谈下一期的方向和问题是非常有必要的。

特别是当不景气或企业环境发生变化时，与你的上司一起去探访问候你负责的客户，这会是一个让你能够提出建议的绝佳机会。

此外，我也建议去调查一下去年和前年的购买记录。

对公销售的话，在购买的时间上往往有一定的倾向。

在对私销售的情况下，完美的时机会出现在"售后服务"里。

例如，假设你是一名汽车销售员。

设想客户的里程何时会达到 1 万千米或 4 万千米，并在这时与他们联系是建立关系的一种常见方法。

但没有多少人能够真正地为所有客户做到这些事情。这时，我们就需要假定这个时机，并将其放入你的时间表中。

"伊庭先生，我们和您联系，是想确认您购买的车的里程是不是快到 4 万千米了？"

当经销商的销售人员与我联系时，仪表刚刚超过 4 万千米大关。真的吓到我了。

之所以能够做到这一点，是因为他们先发制人，提前安排工作。

我们应该"什么时候""做什么"才能先发制人呢？

思考这个问题是获得"心灵感应"的诀窍。

哪怕不精确，也要不断制订时间计划！

06 你会对降价"上瘾"吗

你认为必须降价才能销售吗？这不是客户真正想要的。

🏆 你把"降价"当作销售武器吗

"降价吗？其实是不行的，我知道了。如果您打算做我们的长期客户的话，我尽力吧（咔嗒、咔嗒……计算器的声音）……这个价格您看怎么样？"

我在还是新人的时候也经常这样做。

但有一次我突然发现"降价会让人上瘾"。

那是在我以前做招聘广告推销员的时候。

公司突然明文禁止销售人员自行降价。

"我们做了非常好的商品，客户的满意度也很高。然而，对于不同的客户，降价率也不同，这是不诚实的，所以我们禁止降价。与之相对的，希望销售人员可以更好地对客户提出建议并对客户提供帮助。"

这是新的规定。

"这不是愚蠢吗？完全不懂销售。"

"客户都跑到我们的竞争对手那里去了……"

"这是要夺走我们销售人员的武器……"

这就是包括我在内的销售人员的真实感受。

已经"上瘾"的人不会意识到自己很奇怪。

我们认为降价是迫使客户做出最后决定的"最后的武器"。

🏆 客户要的不是"降价"

但是，想象一下，作为客户，你会在销售人员身上寻求什么，应该不是降价。

销售人员需要把客户的事情当作自己的事情一样来考虑，并为之而努力。

例如，这种销售人员如何？

- 他总是亲切认真地听你的话
- 即使你不说，他也会为你考虑多个提案
- 你高兴的时候，他也会为你的事高兴

但是，那个销售人员这样说。

"您很在意价格吧。真的很抱歉，根据本公司的方针，不能降价。但这样您看可以吗？为了让您满意，我们会提供更加细致的服务。虽然降价很难，但我会竭尽全力为您服务的。"

你怎么看？

客户是不是很难说"这样吗？那我不要了"。

我之前提到，在我之前的工作里，降价是被禁止的。

事实上，自从那个规定实行以来，一次也没有人降价。

但是，公司的销售额和利润一下子增加了。

而且我们每一个人的销售能力也都有所提高。

这让我更加深刻地觉得"真正的武器不是降价，而是把客户的事情当作自己的事情来考虑的态度"。

🏆 了解降价的"恐怖"

我说降价"恐怖"，其实还有其他原因。

因为降价会让企业的体质变得更加糟糕。我们简单算一下就知道了。

假设你销售的西装定价为 5000 日元。

材料费为 2000 日元；包装的纸袋的费用为 100 日元；运费为 400 日元。

换句话说，每套西装的利润是 2500 日元。

我们来做一个小小的猜谜游戏。

[猜谜游戏]

假设该西装的折扣为 20%，以 4000 日元的价格销售。

为了赚取相同的利润，需要增加多少销售数量呢？

A. 为了获得相同的利润，你需要将销售额增加 1.2 倍。

B. 为了获得相同的利润，你需要将销售额增加约 1.7 倍。

答案是 B。

你难道不感到惊讶吗？事实证明，降价带来的损害比你想象的要大。

让我们来计算一下。

在这种情况下，即使折扣是 20%，成本仍然是 2500 日元。

计算结果将是这样的：

如果销售价格为 5000 日元 ，每套西装的利润为 2500 日元（成本为 2500 日元）。

如果销售价格为 4000 日元→每套西装的利润为 1500 日元（成本为 2500 日元）。

$$\downarrow$$

2500 日元 ÷ 1500 日元 ≈ 1.7 倍（= 能赚同样利润的倍率）。

怎么样？你不觉得降价影响比想象中更大吗？

客户的需求不是降价。

真诚的回应才是你的武器。

客户寻求的不是降价，而是你真诚的回应。

07 销售中需要的不是"客气"，而是"考虑"

有的销售人员对"忙的时候联系"有抵触情绪，他们觉得这也太厚脸皮了。但客户将这种销售态度评价为"不情愿"。

🏆 注意"客气"和"考虑"的区别

"我最近会很忙，我们就不联系了吧。"

"前几天刚刚购买，我们暂时就别联系了吧。"

"上个月我们刚联系过，暂时就不要联系了。"

我理解这种感觉，被客户讨厌真的很不好受。

然而，这种"客气"在销售中是完全没有必要的。

行动为"零"的话，绝对不会从客户那里得到好的评价。

销售中需要的不是"客气"，而是"考虑"。换句话说，你需要考虑周到地行事。

该联系的时候一定要联系他们，即使他们前几天刚刚购买过。

然而，创造一个"考虑的理由"。这是一种标准的销售技巧。

"感谢您几天前的购买，抱歉打扰您，我想知道您之后的使用感想，所以才给您打电话。"

"从那以后，只过了几天就给您打电话了，非常抱歉。我这里有一些非常有用的信息，所以才给您打了这个电话。"

"在您百忙之中联系您，实在过意不去。因为其他的客户有这样的反馈，所以有点在意您的情况，就给您打了这个电话。"

怎么样?

比起客气而不采取行动的人，善于考虑的人会收到更好的评价。

请记住，"客气是一种损失"。

🏆 还要知道"纠缠不休"和"热心"的区别

尽管如此，你可能也会有犹豫的时候吧。

假设你上周联系了一个客户，他告诉你，他不需要。

但是如果不联系这个客户，你就无法完成你的销售目标。

这是一个令人犹豫不决的时刻。

像这样犹豫的时候，希望你能想起"客气会吃亏"。

想一想前面提到的"为对方考虑的理由"，再来接触客户。

"您好，不好意思，在您百忙之中打扰您。前几天听您说不需要联系，所以我在犹豫要不要给您打电话。但是我想对您来说，这次可能是一件让您高兴的事，所以就打了这个电话。从那以后我就考虑很多……"

根据我的经验，对方可能会这么想。

"是不是他无法完成销售目标？但他真的为我考虑了很多。而且这也并不是一件坏事。这人真是一个热心的销售人员。"

我们要知道"纠缠不休"和"热心"的区别。

"纠缠不休"是指销售人员为了自身的利益，而多次联系客户。

"热心"是指销售人员为了客户的利益而多次联系客户。

明白了这个差异，就可以有效避免之前提到的"客气"。

明确"客气"和"考虑"、"纠缠不休"和"热心"的区别。

08 "回复"客户的速度很重要

快速应对是有价值的，虽然销售人员很忙，可能无法立即做出回应，但客户不会以因为你忙，就原谅你。

🏆 你一般几分钟之内回复客户信息

我在与金牌销售人员一起工作时，有时会很吃惊。

他们回复电子邮件的速度非常快，快到让人觉得是不是自动回复邮件。

通常是在几分钟内，最长也会在 90 分钟以内回信。

如今，不仅仅是邮件，用短信和社交网络交流的销售人员也增加了。同时，无论通过哪种方式，销售人员都能快速响应。

从客户的角度来看，这种及时性比预想的还要令人高兴。

当你提出咨询的时候，销售人员能快速响应，及时回复邮件的话，会让你觉得像在迷路的地方找到地图一样，心情会变得轻松。

没有什么比等待回信的时间，更令人难受的了。

如果客户的难受持续下去的话，虽然销售人员并没有错，但是这样的情况会让客户产生压力，甚至可能会有损客户对销售人员的信任。

但是，销售人员会需要和其他客户进行商谈等，无法立即回复的情况也并不少见。

很多人认为"等我回到公司，等我静下来，再回复就可以了"，而金牌销售人员往往不这样认为。

即使不是礼貌的邮件，而是一段篇幅很短的文字，也要尽量立即回复。那才是客户所需要的。具体的对话，见图3-3。

这些回复基本都是瞬间回复的（短信）。

虽然篇幅不长，但一瞬间就消除了客户的担心，客户的满意度自然会提高。

同样的回复，有些销售人员可能需要两三个小时，有时甚至会拖到第二天吧。从客户的立场来看，这个差异是很大的差异。

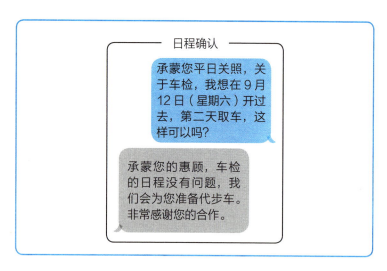

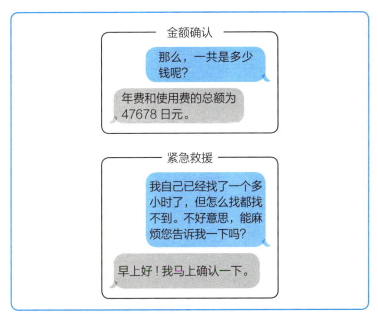

图 3-3 快速回复邮件

另外，我还建议使用智能手机上的语音输入功能，这在后文会有更详细的解说。越是忙碌的销售人员，我越建议你使用这个功能。你一定会惊讶于它的速度。

即使是很短的回复也可以，一定要保证快速回复！

115

第**4**章

"不断实现目标"的
销售人员都在做的事情

01 在记事本上写上"达成日期"

想要实现你的目标，就一定要在记事本上写上"达成日期"，即完成目标的"那一天"。

🏆 可以使用逆算思维

请放弃"只要努力就能达成"的想法。

销售并没有那么简单。

为了达成目标，重要的是彻底的"逆算思维"。

但大多数销售人员的思维过程都不是这样的。

请回答下面的三个问题。

你就会发现自己是不是在"逆算思考"。

问题 1：你是否设定了目标的实现日期？

问题 2：你能说出"剩下的销售天数"？

问题 3："每天应实现的大概目标"是从你的截止日期倒算出来的吗？

怎么样？

长期以来一直稳定地实现目标的人都做到了这些。

当然，如果达成目标需要数年的话，我们把每天的计划都写出来是不现实的。

这里想告诉大家的，重要的不是这些细节，而是你是否在使用"逆算思维"。

要提前决定你实现目标的日子。

🏆 有一个"实现目标的蓝图"

即使现在没做好也没关系，你很快就会做好的。

那么，我来介绍一下具体的方法吧。我们从书写"实现目标的蓝图"开始。

我会按顺序给大家逐步讲解。

【步骤1】自己决定"达成日期"

例如，在3个月（12周）内，给自己定一个1000万日元的销售目标。

设定一个能够提前实现的自主目标。预留的提前量被称为"缓冲"。缓冲可以成为紧急情况的"风险对冲"。见图4–1。

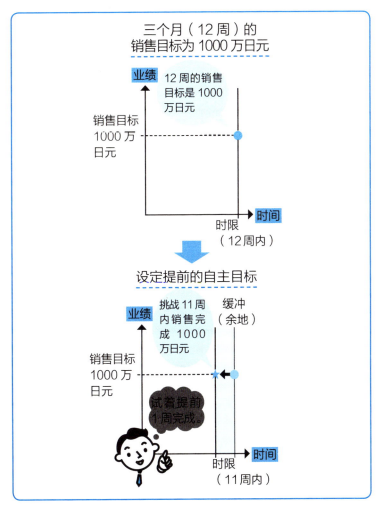

图 4-1　设定提前的自主目标

【步骤 2】从截止日期倒算，确定每周和每天应完成的目标

为自己设定一个大致的每周和每天应完成的目标，并制订一个计划。

通过这样做，可以预防"等注意到的时候，自己的进度已经远远落后了……"

怎么样？很简单，对吧？

接下来，你可以每天都通过剩余金额除以剩余天数来进行计算，并更新你的每天和每周的大致销售目标。见图 4-2。

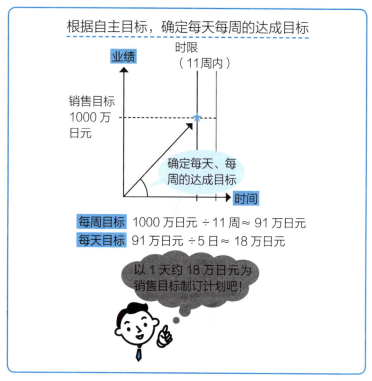

图 4-2　确定每天、每周的达成目标

如果你每天都能完成当天设定的 18 万日元的销售目标，随着销售目标的实现，每天的目标金额会下降到 17 万甚至 16 万日元，但如果你每天都未能实现 18 万日元的销售目标的话，每天的目标金额将上升到 19 万甚至 20 万日元。

通过这种方式，你可以防止在不知情的情况下与达成基数出现较大的偏差。

🏆 有了缓冲，你会更容易进入良性循环

更值得一提的是缓冲的效果。

最初设立缓冲的目的是规避风险，但如果你如期完成了你的目标，缓冲可以帮助你进入一个良性循环。

请看图 4-3。

这样一来，我们就可以提前进入下一阶段，这样下一阶段的目标也有可能提前完成。

从我自身的情况来看，3 个月（12 周）的目标可以在 2 个月（8 周）内达成。这样一来，我就可以休长假了，最重要的是我获得了精神上的安定。

我强烈建议你为自己设定一个"具有缓冲区的自主目标（完成日期）"。

为了不迷路，在出发前准备好"实现目标的蓝图"吧！

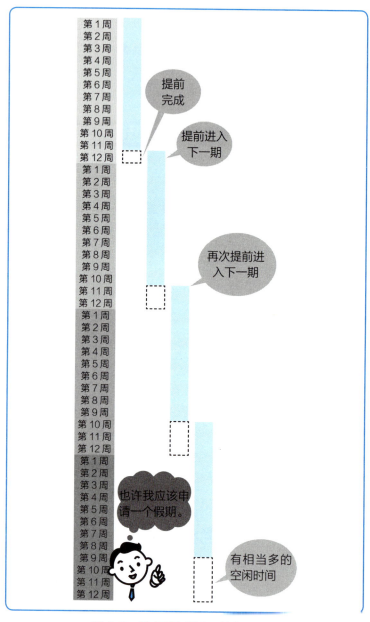

图 4-3 设立具有缓冲区的自主目标

02 增加"纯销售时间"

据说销售人员商谈的时间只占劳动时间的三分之一。[①]

如果你每天工作 8 小时，那就是大约 2 个半小时。

到底是什么占用了你的时间？

🏆 时间一到，一下子就结束了

刚才我们提到，我们需要有一个每天和每周的大致目标。

让我们再来谈谈如何做到这个目标，以及它的效果如何。

首先是做法。

目标会根据你所处行业的不同而有所不同。

例如，如果你像我一样，从事广告销售工作，设定每天的销售目标就可以。这是因为我们这一行的销售风格是每天都要签约。

然而，贸易公司或房地产公司就不是这样了，因为它们的产品是长期的。

在这种情况下，建议以"与合同相关的行动"的数量作

---

① 资料来源：哈勃斯波特公司（HubSpot Research）的调查。

为指标，例如每天的"商谈数""向客户推销的次数"等。

同样重要的是设定每天"结束工作的时间"。

如果你没有一个固定的时间，就可能会一直工作到很晚。

设定一个时限，并且要求自己在截止时间之前完成。这样一来，"时限效应"就会发挥作用，你的注意力就会显著提高。你会觉得慢悠悠地喝上一杯咖啡，抽上一根烟都是在浪费时间。

然后，到了截止时间的话，请你马上结束。

即使你还没有完成，但为了明天能够挽回今天没有做完的工作，也尽早回家做好准备。

🏆 增加"纯销售时间"

为了在截止时间到来时能够迅速完成工作，我们应专注于最大限度地利用你每一天的"纯销售时间"。

"纯销售时间"是指与客户洽谈或挖掘潜在客户的时间。

为了最大限度地实现这一点，你必须尽量减少在洽谈准备、企划书制作、会议等附带业务上花费的时间（即不是纯销售时间的时间）。

通过我的个人经验，我可以很明确地告诉你：如果你能做到这一点，你就能在取得成绩的同时大大减少加班时间。

有一个有趣的调查结果。有数据显示，"下功夫的话，销售业绩和工作时间就没有关系了"。

　　瑞可利公司在《促进女性成功和提高生产力》（2015）的报告中用数据表示了这一点。报告表明，业绩最好的人群中，有一部分人群采取的是短时间劳动。

　　是那些实在无力加班的工作人员。

　　这类工作人员通过削减不必要的作业，确保了纯销售时间，并设法使其最大化。

　　这一结果表明，如果你肯下功夫，就可以在短时间内取得成绩。

　　好了，我们言归正传。

　　你需要先决定你要工作到几点。

　　但是，如果只想着缩短劳动时间的话，"纯销售时间"可能会减少。

　　你应该尽量减少花在电子邮件、会议、准备材料等方面的工作时间。

　　你还应该决定，"我每天花在这些事情上的时间不超过两小时"。这样做能够使你每天的"纯销售时间"增加一倍。

　　要好好地决定结束工作的时间，在一天中张弛有度。

　　没有什么比拖拖拉拉更浪费时间的了。

决定一个结束工作的时间！但将你的"纯销售时间"最大化！

03 在季度初把握"达成目标"

达成目标不是"偶然"。即使不景气，即使市场情况变幻莫测，专业的销售人员也会把目标达成变成一种"必然"。

🏆 "妄想"也可以

"在季度初，请预估达成的目标吧！"

听到这样的要求时，你是否会觉得有点为难？以后的事，刚开始谁都不知道啊。

一般来说是这样的，这时请试着用逆算思维来思考一下。

通过这样做，目标达成就会从"偶然"变成"必然"。

诀窍是考虑三种方案。

从"悲观方案""合理方案""乐观方案"的角度思考。

然后，确保你能以合理的价值（即合理方案）来实现。

此外，尝试用瀑布图来显示它们。这样我们应该做的事情就变得明确了。请看图 4-4。

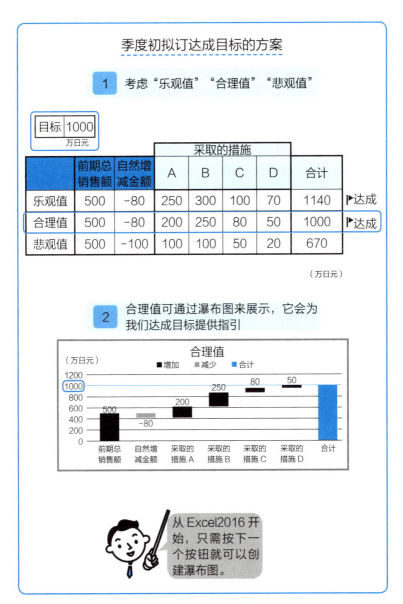

季度初拟订达成目标的方案

1 考虑"乐观值""合理值""悲观值"

目标 1000
万日元

	前期总销售额	自然增减金额	采取的措施				合计	
			A	B	C	D	合计	
乐观值	500	−80	250	300	100	70	1140	▶达成
合理值	500	−80	200	250	80	50	1000	▶达成
悲观值	500	−100	100	100	50	20	670	

（万日元）

2 合理值可通过瀑布图来展示，它会为我们达成目标提供指引

合理值

（万日元）　■增加　■减少　■合计

从 Excel2016 开始，只需按下一个按钮就可以创建瀑布图。

图 4-4　季度初拟订达成目标的方案

129

在考虑方案之前，你最好为每个客户考虑建议方案（如图4-5），思考提出什么样的建议，客户可能会接受。

为每个客户想一个建议方案

（1）抱着试一试的心态，为每个客户想一个建议方案。　　（2）根据每一个建议方案，用"乐观值""合理值"记载预期能带来的销售额。

客户	前期总销售额	本季度的预期	对策	预想销售额							
				合理值				乐观值			
				A	B	C	D	A	B	C	D
＊＊＊＊	200	150	作为××对策，提出××方案	50	0	0	0	100	0	0	0
＊＊＊＊	180	0	面向××，提出长期方案	0	100	0	0	0	150	0	0
＊＊＊＊	170	50	提出××方案，取代竞争对手	0	0	50	0	0	0	150	0
＊＊＊＊	120	150	作为环境对策，提出××方案	0	0	50	0	0	0	200	0
＊＊＊＊	80	100	获得相关公司的介绍	0	0	0	30	0	0	0	150
＊＊＊＊	70	20	获得其他企业的介绍	0	0	0	30	0	0	0	150
＊＊＊＊	60	20	确认经营者的需求	50	0	0	0	150	0	0	0
＊＊＊＊	50	30	作为××对策，提出××方案	50	0	0	0	50	0	0	0
＊＊＊＊	50	50	面向××，提出长期方案	0	100	0	0	0	150	0	0
				150	200	100	60	300	300	350	300

（万日元）

天马行空的假说也可以。

图4-5　为每个客户想一个建议方案

可以按照图 4–5 的方式进行整理。

【步骤】

（1）针对每个客户，抱着试一试的心态来思考提供建议的方案。

（2）用"乐观值""合理值"记载该建议可能会带来的销售额（或利润）。

（3）将该数值反映在"方案"中。

乍一看，这可能很麻烦。但是，做与不做，达成概率确实会完全不一样。请你一定试一试。

 在季度末着急就晚了，所以要在季度初在脑子里规划如何达成目标。

04 金牌销售"挑选客户"吗

当我说"销售人员会选择他们的客户"时，你可能
认为我很自大。

但对于金牌销售人员来说，选择客户是理所当然的
事情。

🏆 理解"销售能力公式"

人们常说，"行动量"在销售中很重要。

但是，你公司的"金牌销售人员"和"普通销售人员"
的不同是访问量的差异吗？恐怕不是吧。

那么，是技能的差别吗？好像也不是。

答案是"客户基础"的差别。

金牌销售人员一定有"持续畅销的客户基础"。

很多销售为了得到眼前的合约，就像"狩猎"一样四处
奔走。而金牌销售人员则把九成以上的时间花在稳步培养好
的"客户基础"上。也就是说，金牌销售实行的不是"狩猎型"，
而是"农耕型"的销售。

让我们学习一下"销售能力公式"。

销售能力＝行动量 × 销售技能 × 客户基础

这三个因素决定了一个销售人员的销售能力。

当你是新人时，你既没有销售技巧，也没有客户基础，所以多做访问是提高销售业绩的关键成功因素。

但这么做很快就会碰到瓶颈。这时你就会想试图提高自己的销售技能，但更值得关注的其实是"客户基础"。

大多数金牌销售人员都有良好的客户基础。

受惠于"好客户"，"高单价"的客户很多，"高复购率"的客户也多，还能够帮忙"宣传"，这会帮助你稳步地建立如图 4-6 所示的客户基础。

🏆 建立良好"客户基础"的方法

那么，你如何建立良好的客户基础呢？

先是给客户进行优先顺序的排列。

这一点在开发新客户时也同样适用。

选择客户是非常重要的。

如果客户都不会回购，销售人员将非常辛苦。

在可能的范围内选择客户就可以了，如：

"能长期交往的客户"和"觉得你的提案有价值的客户"。

对你的客户进行优先排序是一个很好的办法。

接下来是提案的场景。

你需要提出以下两个建议。

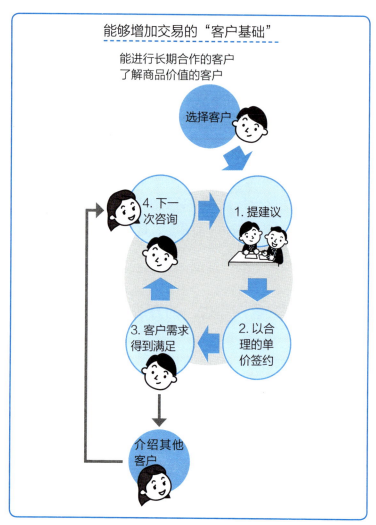

图 4-6　能够增加交易的"客户基础"

一是"在客户预算范围内的建议"。

二是"你认为最好的建议"。

即使预算稍有超出，也有必要提出一个你认为最好的建议。

当然，我们也要确保客户在签订合同后对售后服务感到满意。通过这种方式，就有了"高复购率业务"的基础。

同时，你能够得到介绍的机会也增加了。

当然，这样的基础不可能立即被创建出来，这需要一定的时间。

重要的是，你是否正在为创建这样的客户基础而开展活动。

🏆 拥有基础的话，销售额会"爆炸性"增长

那么，当你有客户基础时，会与没有客户基础时有多大的"不同"呢？

把下面两个人比较一下，你便会一目了然。计算结果如图 4-7 所示（这里省略了详细的模拟过程）。

访问次数很重要，但往往是"复购率"和"单价"造成了业绩上的差异。

请务必牢记这一点。

复购率和单价的差会产生很大的差距

销售员 A	
年度开发新客户数	10 个
复购率	50%

vs

销售员 B	
年度开发新客户数	10 个
复购率	90% 比销售员 A 高 40%
单价	比销售员 A 高 10%
介绍率	比销售员 A 高 10%

3 年后，即使发展的新客户的数量是相同的，销售额也会是原来的 2.4 倍

图 4-7　复购率和单价的差会产生很大的差距

盲目行动不可取，让我们努力建立"可销售的客户基础"吧！

05　金牌销售人员比起"量"更注重"率"

"只想着要赶紧开始行动"是很危险的。

如果你想成为一名金牌销售人员，请重视"效率"。

🏆 你是否有"未完成的事情"

我现在要说一件特别理所当然的事情。

但大多数销售人员和销售机构在这方面做得都不够好。

仅仅做到这一点，就有可能提高 2 倍，不，4 倍的效率。

这就是，如果你下定决心一定要达成目标的话，不应拘泥于"量"而应重视"率"。

你是否已经每天都在努力工作，并想着必须增加更多的商谈？

事实恰恰相反。"能不能再减少商谈"才是正确的。

如果不这样做，而想着"取得 2 倍的合同"的话，就会变成"行动量（访问数）加倍"，陷入体力较量和消耗战。

当然，如果你不采取行动，你就得不到机会。

轻巧的步伐是绝对必要的。

然而，低效的步伐只是自我满足而已。

137

采取行动后，如果你不在接下来的一周内采取更精确的行动，就会劳而无功。

🏆 "不顺利的主要原因"里才有机会

你先要做的是了解那些不成功的因素，并进行改进。

例如，分析我们没有从电话中得到预约的主要原因，从商谈中没有得到合同的主要原因，从中找到我们能采取对策的要素，并进一步寻求对策。

你可能会觉得这是理所当然的事。

让我们来看一个通过电话预约开发新业务的案例，检查你是否真的做到了。

现状

在目前的销售过程中，需要打 500 次电话才能得到一份合同，如图 4-8 所示。

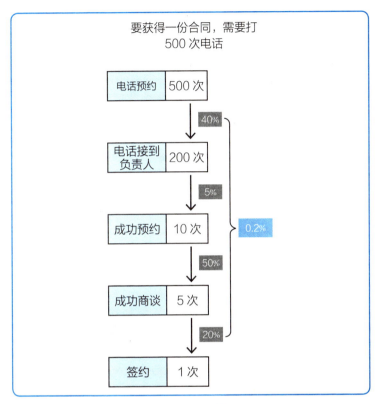

图 4-8 现状

【步骤 1】把握无法签约的原因

重点关注"尽管和负责人联系上了，却没有成功预约见面"这一步。

关注无法预约的原因，并确定需要解决的因素，见图 4-9。

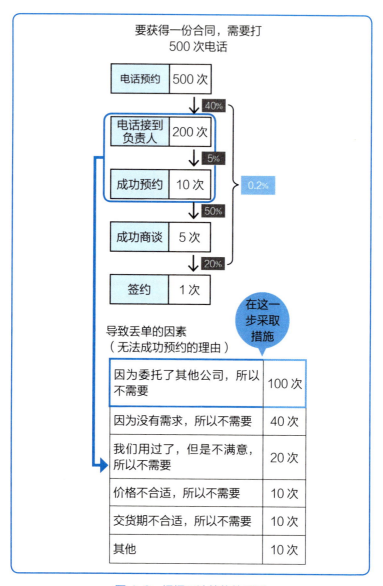

图 4-9 把握无法签约的原因

【步骤 2】采取多个对策

为了更快地找到有效的对策，最好同时尝试两种以上的方法。尝试后，选择效果更好的方法，见图 4–10。

丢单数量

因为委托了其他公司，所以不需要	100 次

对策　对策 1　修改清单
　　　对策 2　展开竞争性对话

哪怕只是改善这一点，就能够提高 10 个百分点

Before ▶ After

因为委托了其他公司，所以不需要	100 次	90 次

预约成功率变成 2 倍

Before ▶ After

成功获得预约	10 次	20 次

2 倍

图 4–10　采取多个对策

结果

结果，仅仅在一个过程中改进了 10 个百分点，开发客户的效率就提高了 1 倍！

通过关注"率"而不是"量"，并做出一些小的改进，

结果可能会非常不同。如图 4-11 所示。

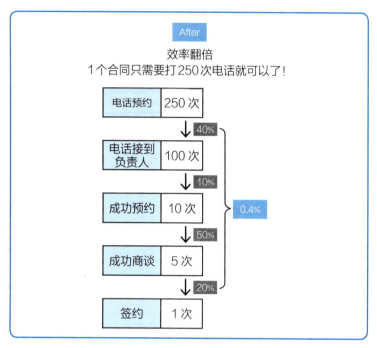

图 4-11　结果

🏆 进一步发挥"杠杆作用"

　　一旦你学会了这个方法，你就可以建立一个飞跃性的提高效率的销售流程，因为你可以使用杠杆了。

　　杠杆其实就是杠杆原理，如图 4-12 所示。

　　只要稍微改善一下各过程的"率"，"率"的乘法（乘数）效果就会发挥作用，飞跃性地提高效率。

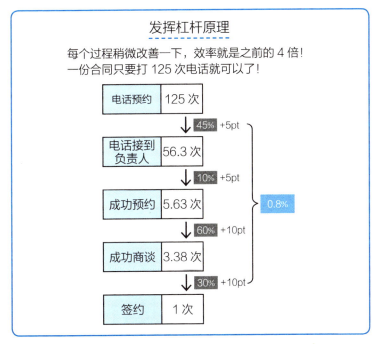

图 4-12　发挥杠杆原理

　　这些对策其实都是小事情，"试着改变打电话的时间""试着改良销售谈话""试着缩小列表"等，**但重复这样的小措施往往可以将效率提高数倍。**

　　怎么样？你是否发现自己在销售活动中争分夺秒，却没有核实和纠正你的业务过程？

　　这里我们考虑的是发展新业务的情况，但同样适用于对现有客户的销售。请一定改善一下销售过程。

　　你一定能更轻松地取得成果。

 不要听之任之,要及时修正销售轨道!

06 将所有"预想外"设置为"设想范围内"

经济不景气，负责人进行线上办公，不在公司……
总是会发生"预想外"的事情。
将这个情况设定为"设想内"是持续达成目标的真理。

🏆 始终注意"不会吧"的情况

我身边有几个连续 10 年完成季度目标的销售人员。

这些人都是刚毕业就进公司，过了 30 岁，一次也没有偏离目标，取得了这样令人惊愕的成绩。

通过采访他们，我发现了一些共同的特征。

他们并不是特别热情，也没有大量的洽谈数量。

但是他们已经**对可能出现的风险采取了预防措施。**

事实上，发生过这样一件事情。一位金牌销售人员在季度初预想到，假设经济开始变得不景气，而他继续照常工作，就将无法完成目标。

他立即开始行动。具体而言，他开始准备进行"研讨会销售"。

研讨会销售是一种举办"学习会"的方法，其中第一部

分提供"最新信息"，第二部分提供"产品信息"，其优点是所有参观者都成为潜在客户，从而有可能进行完整的销售活动。

其结果是经济衰退远远大于预期。一些销售人员没有达到他们的目标。但他提前行动了，结果这个季度也很出色地完成了目标。

我们不一定能在十年内连续实现目标，但是为了实现你的目标，你需要有适当的风险管理。

要实现这一目标，在季度初，你应该做三件事。

【实现目标的风险管理】

（1）找出"预期风险"。

（2）针对这些风险，事先制定"预防措施"。

（3）针对完成前两步后仍然存在的风险，事先决定"事后应对方法"。

我们只需用 Excel 快速整理一下就可以了（见表 4-1）。

只要这样做，实现目标的概率就会大幅提高。

表 4-1　实现目标的风险管理

预期风险	预防措施	事后应对方法
由于经济恶化，需求减少	在线研讨会挖掘客户	强化从其他业务得到介绍的动向
由于线上办公，接触次数减少	转为线上销售	转到电话销售
由于重要客户"A 公司"的销售低迷，预算减少	扩大份额（扩大本公司产品所占客户预算）	提出提高销售的方案，开拓新的需求

续表

预期风险	预防措施	事后应对方法
由于重要客户"B 公司"的开店计划中止，预算减少	探索其他相关需求	建议客户先行投资
由于重要客户"C 公司"采用外包，需求减少	开展外包业务	向其他部门展开销售

悲观地计划，乐观地执行！

147

第5章

让销售变得
更有趣的方法

01 将新冠疫情变成机会的人的生存能力

在新冠疫情引发社会变化的时候，你自己是不是虎视眈眈，想把这种变化当作机会呢？

🏆 你是不是已经蠢蠢欲动了

销售人员有两种。

- 不想改变"至今为止的方法"的人
- 想改变"至今为止的方法"而蠢蠢欲动的人

虽然说法不太好听，但是，在这个瞬息万变的时代能取得成果的是后者。

是那些愿意**"抛弃过去，不断尝试新方法的人"**。

新冠疫情给社会带来了巨大的变化。如果你不能够把这个变化作为飞跃的机会，就太可惜了。

我身边有很多顽强的人，他们把新冠疫情带来的剧变作为飞跃的机会。

在本书开头介绍的保险销售人员也是如此。

他转换为在线销售后，商谈数变成了原来的 2 倍，客户的推荐数也变成了原来的 2 倍。

我认识的一位健身房经理也是如此，他曾一度考虑停业。后来，他针对担心感染的客户，制订了私人训练菜单，3个月后他的事业完全恢复了。

其实我自身也是如此。与新冠疫情前相比，培训课程数量反而增加了。

因为我改变了培训计划，早早开始提供线上培训。

当然，**我不会对旅游业和餐饮业的各位说把新冠疫情变成机会。我深切地理解事实并非如此。**

然而，作为一个销售人员，在新冠疫情引起日本社会不安的时候，是否虎视眈眈地试图将变化变成机会，这种意识极其重要的。

🏆 什么是"抛弃过去"的正确方式

即使如此，不必要的"改变"也并不可取。

"现代管理学之父"彼得·德鲁克（Peter Drucker）说：在商业中获胜的理论是利用你的"优势"做出"贡献"。

你的"经验""知识"是你的"优势"。

并不是说你应该放弃你的优势。

而是根据环境而变化，如果以现有的方式不能取得成果的话，就不要犹豫，尽早放弃至今为止的"做法"吧。

值得注意的是，放弃的是"做事的方式"。

这样说可能有些直白，我认为找不到新的"做事的方式"

的人，才会害怕放弃过去的"做事的方式"。

坦白说，我也是这样。

在工作中没有人会教这样的事情。

即使向前辈请教，得到的回答也多是"再多学习点"。

但是，我们也很忙。

我们不是只想听到别人说"你至少应该学会这些"。

因此，在这一章中我会介绍销售人员必须学会的东西。

销售是一个具有显著行业特征的职业。

它可能不适用于所有销售人员。

但你可以从中找到"你自己的规则"。

然后，你一定能找到把变化变成机会的契机。

 为了生存，你必须抛弃的不是你的
"优势"，而是你的"做法"。

02 你是否已成为"客户狂"

光看 100 本书是不能成为金牌销售人员的。当你熟悉了你的客户，为了更好地给客户提案读了 100 本书的话，通往金牌销售人员的大门就会打开。

🏆 对客户不感兴趣是致命的

我有时听到人们抱怨说"对客户不感兴趣"。

我觉得在销售上，这是致命的。

对"患者"不感兴趣的"医生"，对"学生"不感兴趣的"老师"，对"员工"不感兴趣的"老板"，还有对"客户"不感兴趣的"销售"。如果不感兴趣的话，无论你获得多少知识，你都不可能很好地利用它。

不管你读了多少本书，知识再丰富，但如果你对客户不感兴趣，客户也不会对你的营销满意。

那么，如果你对客户不感兴趣，你应该怎么做？

这很简单，你应该更充分地去了解你的客户。

下面介绍一下关于客户应该知道的"三个观点"。

🏆 成为"人际关系狂人"

在对私销售中，以及在对公销售中，对客户的"人性"方面感兴趣是绝对必要的。

以下观点可以让你深入了解客户的"为人"。

- 了解客户的"过去"（他们经历过什么）
- 了解客户的"现在"（他们在关注什么）
- 了解客户的"未来"（他们想做什么，想成为怎样的人）

我有过这样的经历。

我这里来了一位大大咧咧还有点吓人的社长[①]。

我们谈话的氛围还不错，我便问他："您为什么能开始现在的生意呢？"（过去）

他告诉我："我原本是暴走族，之后当上了销售人员。"我兴致勃勃地询问经过："为什么会从那一步走到今天这一步？"

通过这个过程，我也了解到他不为人知的一面，社长的兴趣是欣赏古典音乐，虽然开始打高尔夫球，但没有天赋，平均得分为 130（当下）。

接下来，他还告诉我他以后的梦想是"想把公司做得更大"（未来）。之所以能谈到这一步，我想是因为我对那个社长感兴趣，没有把那个社长当作单纯的"客户"，而是把他作

---

① 社长是日本企业里面的一个职位名称，相当于中国企业里面的总裁。——编者注

为一个"人"来了解。

一切只从认识开始。

🏆 成为"商品狂人"

我们其实可以详细地询问一下，客户是出于"什么心态"来使用"什么商品"的。比如：

- 使用"什么样的商品"，进行了什么样的"评价"？
- 有没有"三个不"（不便、不满、不安）？
- 有没有建议，"觉得这个方面再改进一下的话会更好"？

如今的我是客户，但我很少被问到这些问题。根据以往的销售经验，我会对这样的销售人员做出判断：

"这个人对销售感兴趣，但是对客户不感兴趣……"

对客户感兴趣的销售人员大约只占十分之一。

我在这样的人身上感受到了专业性，所以我会介绍客户给他们，也会毫不吝惜地订购。

那么，让我确认一下。**你会主动向所有的客户询问"不"吗？**

实际上，问这个问题比我们想象的还需要更多的勇气。

但是，你不能害怕。请一定要试着问问他们。

🏆 成为"事业狂人"

如果你负责对公销售的话，你还需要先了解那个"公司"

的情况。

试着在公司员工的层面上了解公司，并努力成为公司的一员。许多金牌销售人员都是如此。

具体来说，你可以向他们询问以下内容。

- 公司成立的年份和契机
- 过去的主力商品、现在的主力商品、将来想要开发的商品
- 消费者的变化（年龄、嗜好等）
- 竞争企业的动向，有没有打算挑战的领域
- 目前公司有哪些问题（事业层面、管理层面、业务层面）

你可以在公司的网站主页上找到这些信息的大部分内容。

在此基础上，在面谈时请客户告诉我们实际情况。

只要我们感兴趣的话，他们会告诉我们很多事情。

当我是一名销售员时，发生了这样一件事情。

我是一家连锁餐厅的客户。该店铺位于城市的黄金位置，这是创始人母亲的建议。创始人用仅有的一点钱，在一个黄金地段开了一家只有 8 平方米的小餐馆。

随后，该餐厅开了分店，并增加了管理者。

虽然也有各种各样的冲突，但他们一致认同"就算利润微薄，也不会降低食材原料的成本，应该致力于为客户提供好味道"。

这一承诺带来了压倒性的竞争优势，公司现在已经拥有超过 100 家连锁餐厅。

听了这样的故事后，我也成了该公司的忠实粉丝。

我觉得销售人员必须先成为客户的粉丝。

学习商务知识固然重要。但是，你必须先喜欢你的客户。

如果你对客户不感兴趣，你就不能做好你的销售工作。

 如果你不了解客户就去积累其他知识，那只是纸上谈兵。

03 模仿金牌销售人员的"天才"想法

当金牌销售人员展示出他们天才的想法时，其实并没有做什么特别的事情。

他们只是养成了做"某些事情"的习惯。

🏆 "能制定规律的人"才能引起变化

金牌销售人员有共同的闪光品质。

他们能够想出一个又一个无人尝试过的新方法。

周围的人把这种能力描述为"天才"。

那么，他们是如何产生这样天才的想法的呢？

他们掌握着一种被称为"外展"的特殊能力[1]，这种能力使他们能够习惯性地生出新的想法。

我来解释一下吧。

所谓"外展"，就是指找到"规律"的力量。

---

[1] "外展"为哲学用语，用来描述解决问题的方法，为一种创造性的过程。在经济学中，"外展"指为了增加产品的销售量，到各大商场有目的、有计划地实施展销活动。——译者注

例如，我们经常去的餐厅。

假设我们发现菜单变成了一个平板电脑。

我们可能会看到一家人愉快地用平板电脑点菜。

在这个时候，我们需要开始考虑"这里有什么样的规律"。

我们还要思考，这样的规律能不能用在自己的销售工作中呢？

然后，我们马上用手机搜索这家公司的信息。

我们找到一篇过去的新闻报道，说订单在增加，客单价在上升。

从这里，我们就能开始看到"规律"。

"选出来，点一下"这样的行为本来就会让人觉得挺有趣。

接下来，让我们看看这是否适用于其他情况。

亚马逊的点击商品也是如此，购买汽车时选择附加产品也是如此，我们也要一边看 3D 影像，一边点击商品。

也就是说，如果把"选出来，点一下"的过程引入销售过程的话，商谈的签约率可能会提高。

然后我们就会想"这个主意好！我们来做个实验，使用平板电脑，制作能让客户按下的小程序"。

金牌销售人员善于从**"观察"中发现"规律"，并将其纳入自己工作。**

金牌销售人员可能会说："当我在餐馆里吃饭时，一个想法从天而降。"但是，这其实只是一个外展。外展非常简单，立马就能做到。

🏆 让"点子从天而降"的诀窍

一旦你掌握了"外展",想法就会开始从天而降。

接下来我为你们整理了"外展"的步骤。这些都是每个人都能做到的步骤。

[步骤 1]"观察":找到进展顺利的地方

[步骤 2]"假设":想象一下"因为是……所以才顺利吗"

[步骤 3]"验证":通过将假设应用于其他案例来检验假设

[步骤 4]"发现":我们会发现一个"规律"

[步骤 5]"转移":试着将这个规律运用到自己的工作中

你怎么看?这是不是真的很容易?

让我总结一下。

成功的喜剧演员、偶像、电视剧、电影、动画、游戏等全部是观察对象。

请试着从他们身上找到一个"假设"。

如果你每天晚上加班,除了加班什么都不做,你可能会错过外展的机会。

即使你很忙,也要观察身边的事物,销售需要我们保持这样的心态。

所有可见的东西都会成为有助于销售的学习过程。

要点！

让我们成为"规律发现者"！关键词是外展。

04 让自己能够和社长进行"正常的对话"

无论你是从事对私销售还是对公销售，如果你能与客户的社长进行"正常的对话"，就能抓住巨大的机会。你先需要理解什么是"正常的对话"。

🏆 是成为单纯的供应商，还是成为顾问

我想让你来选择一下。"你是想被视为单纯的销售人员，还是想被视为合作伙伴或顾问？"

当然，这个问题没有正确答案。

但是，大多数人都会想选后者。

无论你是对公销售人员还是对私销售人员，和作为"经营者"的客户进行正常的对话，不仅会增加你作为销售人员的机会，还会为你带来很多咨询，这会使你的销售变得更加有趣。

那么"正常的对话"是指什么呢？

它是指你是否能对经营者面临的商业话题和挑战说出一些有建设性的话。

要做到这一点，你需要了解商业理论。

当然，这并不是一夜之间就能实现的。

我也是从 20 多岁开始学习，现在还在继续学习。

但现在开始花 10 年的时间去学习，就来不及了。

没关系。在这里，我们来介绍一些话题，**只要你能聊到这些话题，别人就会觉得你特别厉害。**

🏆 即使是新人也能进行的"正常的对话"

经营者关心的事物大致是固定的。

"人"（培养人才的诀窍）

"物品"（生意上重要的事情）

"金钱"（业绩持续增长的诀窍）

"信息"（应对变化的诀窍）

如果你能就这些话题进行 5~10 分钟的对话，就能得到对方的认可，但一开始你可能觉得这很难。

这里有一个很好的方法。

试着引用著名的经营者的话。

"据我所知，松下幸之助……"

"据我所知，稻盛和夫……"

像这样，引用一些经营者视为榜样的人的想法。

在你缺乏实绩和影响力的时候，可以学习前人的智慧。

"已经是伟人级的经营者"的话（松下幸之助、稻盛和夫等）

"拥有压倒性影响力的经营者"（星野佳路等）

"走在时代前面的全球领导者"的故事［马克·贝尼奥夫（Marc Benioff）等］

无论哪一个，现在都可以通过书或者视频网站轻松获得信息。

你最好应该看一看他们的思想。

 如果实绩和知识不够的话，就用学习来提高你的价值吧！

05 让自己一直被客户"选中"的诀窍

很多销售人员试图磨炼他们的"话术"。
而金牌销售人员试图磨炼他们的"价值"。

🏆 了解市场营销使销售人员成为最强

市场营销和销售曾被认为是水火不相容的。

彼得·德鲁克是这么说的：

"市场营销的理想是不需要销售。"

这个想法听起来像是在否认销售人员的存在，但正因为如此，我们才应该学习它。如果你能在不需要销售的情况下进行销售，你不觉得那更好吗？

即使你不主动进行远程预约，或者你没有费尽心思探访客户，听说过你名声的人也会来联系你。

另外，如果你能从那些喜欢你的销售方法的客户那里得到"非你不行"的高度评价，并且收获了一大批回头客的话，你觉得怎么样呢？

这不是最棒的吗？

所以，我在做销售员的时候也学习了市场营销。

我可以告诉你，真的有学习的必要。

下面介绍一下为什么我们要学习市场营销、市场营销是如何工作的，以及如何具体操作。

🏆 让我们用"价值主张画布"来整理一下

市场营销的本质是"让客户感受到他们无法从其他公司获得的压倒性价值"。这并不是指销售谈话或对话技巧等技术，而是指让客户感受到只有你能提供的"独一无二"的价值。

要做到这一点，**你需要努力从客户的需求中创造自己的价值。**

这里要介绍的是马上就能使用的手法——"价值主张画布"。

这是在亚历山大·奥斯特瓦德（Alex Osterwalder）的著作《价值主张设计》（Value Proposition Design）中介绍的备受瞩目的框架。

请看图 5-1，这就是**"价值主张画布"。**

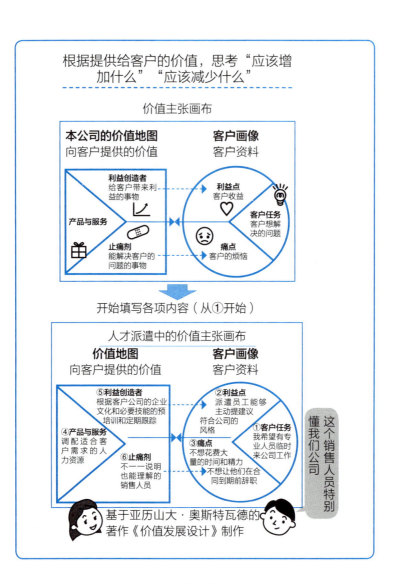

图 5-1　价值主张画布

通过这种方式，我们可以从"客户的需求"来进行思考。

如果你能做到这一点，你就能开展"贴近客户需求的销售活动"，这自然会让你更有可能被客户选中。

【客户细分】 　　　　　　　【向客户提供的价值】

①客户想要解决的问题　→　④想出"能够解决客户问题"的服务

②让客户高兴的事情　　→　⑤增加"让客户感到高兴的行为"

③客户想摆脱的事情　　→　⑥想出"应该删减的事情"

为什么不试着用"价值主张画布"整理一下你的销售活动呢？它一定会帮助你创造一个容易被客户选择的局面。

 最强的销售人员是营销 × 销售的"混合型"！

06 把"不擅长接触的客户"变成常客的话术

即使有"难缠的客户"也没关系。你们是否投缘并不重要。

重要的是你能否适应客户的规则。

🏆 了解"社交风格"，可以提高你的人际交往能力

我是新人的时候，遇到了一个问题，一个客户对我说：

"伊庭，不用那么开朗。正常就可以了。"

"伊庭，我明白你想说的话，但希望你给出具体的数据来进行建议。"

虽然我觉得我已经竭尽全力了，但是被人说不行的话还是很痛苦的。

我一直有这样的窘境，感觉就好像是某个齿轮没有咬合好。

就在那个时候，我发现了**社交风格理念**。

然后，所有问题的原因都弄清楚了，我才明白这一切都是我的问题。

我在这种方法的帮助下，至今还在研修、演讲、专栏

其他书籍中介绍社交风格。我认为它是一个强大的工具。

那么，我们先想象一个我们不怎么擅长接触的人。

你有想到谁吗？

你觉得不擅长接触那个人的理由是什么呢？

就像我原来一样，其实这并不是对方的问题。

理由大多是不符合"自己的规则"，仅此而已。

更进一步说，我们只是还不了解"对方的规则"。

但是，让客户都符合自己的规则是不现实的。

无论什么样的客户都能很好地接触的金牌销售人员，其实他们是按照"对方的规则"来和对方进行沟通。

因此，作为了解"对方的规则"的工具，这次我想介绍一下"社交风格"的理论。

社交风格是美国工业心理学家戴维·梅里尔（David Merrill）在 1968 年提出的一种沟通理论。现在已经传播到世界各地，它利用人们的四类沟通模式来选择合适的沟通方式。这也是许多公司采用的全球标准方法。

如图 5-2 所示，**社交风格根据"果断性""反应性"的高低分为四种类型。**

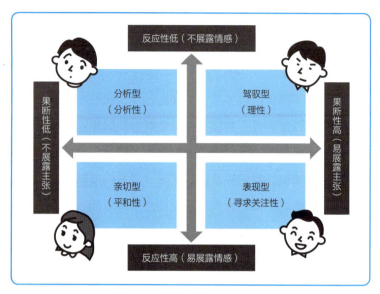

图 5-2　社交风格的四种类型

那么，让我们看一下这四种类型的特点。

你自己是哪种类型？你"不擅长的人"又是哪种类型呢？从这个角度来看的话，应该很容易理解吧。

（1）驾驭型（希望合理地实现其目标的人）

- 喜欢合理地、可靠地实现既定目标或目的。他们认为自己设定的目标比别人对他们的看法更重要

- 不轻易表露情绪。给人冷酷的印象。能迅速、毫不犹豫地表达自己的意见

- 不服输。为了目的不惜做出严格的判断

- 不客气。认为最好是把该说的都说出来

（2）表现型（自己想被关注的人）

- 情绪表现在脸上。希望在欢快的气氛中成为焦点的人

- 他们倾向于编造故事来取悦他们周围的人，有时很难说他们的谈话有多少是真实的

- 重视气氛。想被关注。喜欢新事物和有话题性的事情

（3）亲切型（希望尊重每个人的感受的和平主义者）

- 感情表现在脸上。更喜欢倾听而不是说话。在平静的气氛中听取他人意见的人

- 重视人的感情和整体的协调，爱好和平

- 容易跟人客气，被认为没有自己的意见，也会被认为八面玲珑

（4）分析型（重视逻辑和分析的人）

- 感情不会表露在脸上，更喜欢倾听而不是说话的人

- 他们常常沉默不语，并善于思考

- 喜欢分析数据和信息，有自己的见解

怎么样？

当然，不可能完全将人们的性格分为四类，但我在经验上认为大部分人属于四种类型中的一种。

🏆 各类社交风格的应对方法

以下是针对每种社交风格的一些谈话技巧。

（1）与驾驭型的对话：高效的、清晰的沟通是最佳的。

- 清晰度很重要！从结论出发进行沟通（在工作中不需要闲谈）
- 速度很重要，尽快结束
- 向他们展示选项（他们想要决定，让他们从两三个选项中选择）

（2）与表现型的对话：在简洁的同时表现出对对方的理解。

- 要求他们在此刻做出决定，因为他们所说的内容往往会改变
- 谈话往往会离题，所以要给他们一个总结
- 告诉他们，如果他们做出那个选择，他们将成为关注的焦点和谈话的中心

（3）与亲切型的对话：在轻松和平静的气氛中进行对话。

- 他们不善于自己做决定，请你给他们建议
- 他们不善于设定最后期限，你要为他们设定最后期限
- 无目的的谈话也没关系，能够通过谈话产生共鸣是有价值的

（4）与分析型的对话：注重让他们信服。

- 沉默是整理思想的时间。不要催促他们，而要等待他们
- 展示先例和数据以获得他们的理解
- 设定一个期限

现在我们来总结一下。

正如我不断重复的那样，与各种类型的人搞好关系的关

键是，需要从"对方的规则"的角度来进行考虑。

看出这些规则的技能就是"社交风格"。

沟通交流其实就是顺应"对方的规则"。

 沟通就是顺应"对方的规则"！

175

第6章

金牌销售人员的
"时间管理术"

01 提高无用工作的效率毫无意义

竞争战略大师迈克尔·波特（Michael E.Porter）曾说：
"战略就是决定不做什么。"
你对"不做"的重要性了解多少？

🏆 用"ECRS 原则"根除无用的工作

即使我们的效率再高，如果做的是没有价值的工作，也完全是浪费时间。

看到那些手忙脚乱却没有成果的人，我就会想到这样的情景。

"坐电车出行的时候，想早点到达车站，在车里拼命地朝着第一节车厢跑的样子。"

这是一种无论提高多少效率，都完全没有意义的行为。

如今，**金牌销售人员绝对优先考虑的是"商谈"和"跟进"。**

因为那才是他们的工作。现在还不是说"我太忙了，没有时间做……"的时候。

他们不找这样的借口，并且**彻底排除了无用的工作。**

流程非常简单，谁都可以做到。我来给你们介绍一下。

（1）决定最大限度地增加"商谈数"和"跟进数"。

↓

（2）因此，彻底排除"无用的工作（文书工作、无用的商谈）"。

↓

（3）即使如此还存在的"剩下的工作"，也要考虑如何不费事地完成。

但是，有些人怎么也做不到这些流程，并为此烦恼。

我来介绍一个好的方法。那就是"ECRS 原则"。

"ECRS 原则"是消灭"无用的、做不到的、分配不均的工作"的生产管理技巧。

因为非常适合销售，所以请你一定要试一试。

它基于以下四个要素，是一种依次检查需要改进的领域的方法。

【"ECRS 原则"的 4 个要素】

要素 1："E: Eliminate/ 取消（取消不影响'销售额''客户满意度'的动作）"

要素 2："C: Combine/ 合并（剩下的业务尽量争取一举两得）"

要素 3："R: Rearrange/ 重组（改变工作的位置和顺序）"

要素 4："S: Simplify/ 简化（试着使工作更简单）"

关键的一点是，这个原则是从"E: Eliminate/ 取消"开始的。

无用的工作再怎么有效率，也没有任何意义。

为了最大限度地提高商谈的数量，请按图 6–1 的顺序消除无用功。

		如果不影响销售和客户满意度，就取消
Eliminate	取消	如果不影响销售和客户满意度，就取消 ·无用的会议（用邮件解决） ·企划书的设计（与签约率无关） ·无目的探访客户（要去就要先准备好建议） ·手写的信（就我而言，因为我的字迹很乱） ·过于礼貌的电子邮件（读起来也很累） ·去办公室（直接找客户、直接回家的话商谈数量会增加）
Combine	合并	"剩下的工作"争取一举两得 ·在一次商谈中提出多个提案 ·访问时，让客户为我们介绍（其他部门等） ·以让客户立马决定购买为目标（倾听、提案、结束交易） ·把一次性的合同变成长期合同 ·在客户公司接待处等待的时候，尽量在员工往来较多的地方等待（不仅是等待，还能给对方留下印象） ·和客户一起吃午餐（兼顾午餐和商谈）
Rearrange	重组	进一步改变场所和作业的顺序 ·预约使服务距离最短化（服务距离长是商谈数量下降的原因之一） ·访问后的感谢不要回到事务所之后再发，而是在出行途中用邮件发送 ·回复客户的邮件也在出行途中！（在等待信号灯的十字路口或等待电车的站台上立即回复）
Simplify	简化	尽量使你的工作更简单 ·不要从零开始制作企划书和资料（创建一个模板，更换文字即可） ·经常发的邮件可以设定为"模板" ·邮件用智能手机的语音输入完成

（检查的顺序）

图 6-1　用"ECRS 原则"提高商谈效率

181

　　图 6-1 是我作为销售人员时实际做的，并且现在也在用的效率化的办法，通过 "ECRS 原则" 进行了整理。请将此作为参考，并尝试用 "ECRS 原则" 组织你的工作。我相信你的工作也一定有所改进。

增加 "商谈" 和 "跟进" 的数量是优先的事项。彻底排除这方面的障碍。

02 有"好的无用功"和"坏的无用功"

如果你只想自己受益，一味地谋求效率化也不会顺利。
真正的销售人员知道有"好的无用功"和"坏的无
用功"。

🏆 以"失"获"得"

即使我们利用"ECRS 原则"决定了"不做的事"，但只
努力提高效率也是不明智的。

金牌销售的思维更加灵活。

**金牌销售会在"客户真的有困难的时候""客户需要支
持的时候"，去做那些平时不做的"到很远的地方去探访客
户"，"为客户准备特别耗时的资料"等事情。**

这是因为他们知道有"好的无用功"和"坏的无用功"。

我也经常参加客户的会议，在客户的公司办学习会，为
客户制作公司内用的资料。

这些不是我的本职工作，但也不是说我把这些看作志愿
者类的工作。

希望大家不要误会，我是以"投资回报"来判断的。

我认为这个行动是"双赢"的，也就是说，不仅对客户有利，最终也会对我有利。这是一个有能力的销售人员的思维基础，或者说一个有能力的商人的思维基础。

松下电器公司创始人松下幸之助的话对我很有启发意义[1]。

"当我还是个孩子的时候，我的老板就经常教导我，做生意的人就是以'失'获'得'。（中略）有人说，舍不得吃亏，做生意的人是不会成功的。我认为这不仅适用于商业，也适用于一般人。"

🏆 创造"任性的客户"是销售人员的责任

然而，**你绝不能只做一个"便利店"。**

别人让你做什么你就做什么，这样的行为会让人窒息。

"如果你方便过来的话，能过来一下吗？"（明明是打电话也能解决的内容）

"上次给我的圆珠笔，还能再帮我拿一支吗？"（经常）

"你能给我提供 3 个方案吗？"

如果客户认为这样的事情是理所当然的，可能就是销售人员的应对"培养"了客户。

我们出于好意为客户做的事，不知什么时候已经被对方视作理所应当。等我们注意到的时候，经常会有**"客户是赢家，**

---

[1] 资料来源：《松下幸之助语录（30）》（PHP 研究所）。

销售人员是输家（忍耐的一方）"的关系。这不是"加强关系"，而是"恶化关系"。

🏆 如果觉得"做得太多"的话，提出代替方案

当你觉得"这样做有点过了"（投资回报不成正比）的话，就提出替代方案。

我们要在保证客户处于赢家状态的同时，像下面这样试着提出代替方案。

"非常抱歉。日程安排得很紧凑，很难抽出时间……如果可以的话，我们电话或者在线沟通，您看可以吗？"

"如果用书面形式提交企划的话，可能需要您稍微等一下……如果可以的话，我可以马上通过口头传达的方式告知您，您看可以吗？"

"如果由我们进行数据收集的话，可能需要增加人手。但是，如果贵公司能够收集数据的话，我们会进行彻底、完善的分析。这个方式您看可以吗？"

我们不能成为"便利店"。

销售人员的正确定位是成为"合作伙伴"。

 以投资回报来考虑的话就清晰了。

03 金牌销售人员为何不求完美

"比起拼命设计的搞笑，突然出现的搞笑更受欢迎。"
这是有 40 多年经验的喜剧演员村上昭二的话。[1]

🏆 比万全的准备更重要的事情

有些销售人员在外出销售前，为了不失败，会做好万全的准备，准备各种各样的资料。

看到这样的销售人员，金牌销售人员是这样想的："这不是应该花时间的地方。"

金牌销售人员认为在准备上花费太多时间是"坏事"。

如果满分是 100 分的话，准备的部分能有 70 分左右就可以了。剩下的 30 分要通过"轨道修正能力"来补充。

当然我们确实需要好好准备，但是，我认为这个工作只要有 70 分左右就可以了。

因为商谈看的是"现场"。

---

[1] 资料来源：扎克扎克（zakzak）富士晚报《我现在的存在多亏了秋刀鱼先生》（村上昭二，2016 年 12 月 2 日）。

我们上周听到的消息，这周就变了。这样的事情并不罕见。

"我以为没有问题，但我的上级却没有批准。"

"我正想向社长请示，结果社长去国外紧急出差了。"

无论我们做多少准备，在销售中事情都很难按计划进行。

那就像自然灾害一样，意外总会发生。

正因为如此，我认为金牌销售的准备只要做到 70 分就足够了。

剩下的 30 分是通过临场的应对来做到的。

🏆 速度有三种类型

有一个概念的简称为 SAQ，它代表着"快速"。

S 是指速度（Speed：速度）：走路、打字等动作的速度。

A 是指敏捷性（Agility：敏捷性）：是应对预想之外的状况的敏捷性。

Q 是快速反应能力（Quickness：反应速度）：回复速度快，对应速度快等。

当然，销售人员应该兼备这三种能力，**但是要成为金牌销售人员，A 的敏捷性尤为重要。**

考虑一下这样的情况：你被告知"原以为没问题的内容，上级却没有批准"。

金牌销售人员会当场考虑并建议其他对策，如"如果是这样的话，下一期再交付怎么样"。

在说出这句话时，金牌销售人员的脑海中也会浮现出三种左右的代替方案。

如：要不要提议"如果下一期交货的话，我们可以承担一半费用"；要不要告诉他"如果和其他部门同时购买的话，费用就可以减半了"；要不要说"如果这个月签约的话，会有特别的优惠"。

这个过程确保商谈不会做无用功，同时增加签署合同的机会。

正如你所看到的，**敏捷性比准备充分更重要**。

🏆 你需要做什么来提高你的敏捷性

那么，怎样才能提高敏捷性呢？

这是有条件的，我们需要做到以下三点。

【提高敏捷性的条件】

- 了解你的客户的特点和他们面临的问题（成为客户的狂热者）
- 掌握交涉能力（学习"哈佛式交涉术"等）
- 要能够"自主判断"（不仅仅是降价）

当这三样东西齐备的时候，就可以随机应变了。

在这里，我来说明一下本书中第一次提到的"自主判断"。

如果你花两天时间向你的老板要答复，你可能就会错失良机。

客户希望能和有一定自主判断力的销售人员合作。

当然，"降价"并不是销售人员唯一的自主判断。

自主判断可以是能做的任何事情，包括调动上司和公司内的相关部门，或者将商品做成特别规格，这些都包括在自主判断力里。

平时就向上司争取一定的自主判断权，不要每件事都向上司请示。

我以前做销售的时候也是这样做的。

在我以前做招聘广告时，公司规定不能降价（甚至董事长也不能降价），所以我要求在我能做到的范围内酌情处理，例如在编辑部页面上为一家商店做广告，或者为不同的产品推出监测活动，这些做法非常有效。

销售人员每次都向上司确认，给客户留下了不可靠的印象。难怪他们会认为那位销售人员是"不好的"。

客户希望与有判断力的销售人员打交道。

试一试吧。

这不仅会缩短你的时间，也会增加你的可信度。

与其追求完美，不如努力提高自己的敏捷性！这是最重要的。所以平时就要做好！

04 金牌销售人员不会一味地增加探访 "次数"

探访客户 20 次，这个"数字"不能代表什么。

成交的 20 次访问和没有成交的 20 次，完全是两码事。

🏆 不要被"高访问量"所迷惑

"ECRS 原则"的第二个要素是"C: Combine/ 合并"。

我来介绍一下销售人员需要牢记的"合并"。

提出商品的建议后，你需要当场"完成交易"。

所谓的完成交易，是指"获得签署合同的协议"。

当然，我们理解，对于一些商业产品来说，当场完成交易是困难的。

这种时候，"测试成交"也可以。

顺便说一下，"测试成交"是指确认对方是否对合同感兴趣，确认你是否可以采取下一步措施，如"准备报价""提出计划""确保库存"等。

我为超过 4 万名商务人士提供了培训。其中，在短时间内高效率地取得成果的销售的共同点是"善于完成交易"。

时间管理和完成交易的关系非常密切。

说起来很简单，但它带来的差别比你想象的要大。

下面就从这个角度来解释**及时完成交易的好处。**

【及时完成交易，对商谈数、后续工作的良好影响】

通过及时完成交易，可以最大限度地减少后续行动的次数。与没有成交的销售人员相比，接触的数量减少了一半。

因此，他们能够将更多时间用于其他商业谈判（更多的商业会议和跟进）。

【对签约率的良好影响】

根据商品的不同，与不完成交易的时候相比，签约率会提高 2 倍左右。

如果我们将这个问题数字化，我们可以清楚地看到，它有很大的区别。

请看图 6-2。假设在没有成交的情况下，你要经过 4 次

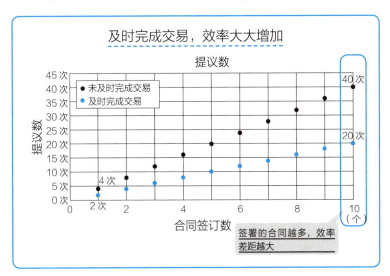

图 6-2　完成交易对合同签订数的关系

谈判才能签订一份合同。如果及时完成交易的话，谈判将减少为 2 次。

你会发现，你签的合同越多，效率的差异就越明显。

当你有 10 个合同的时候，双方的谈判次数大约相差 20 次。那些及时成交的人可以把这些时间花在其他业务会议和后续工作上，结果自然有很大差别。

🏆 给那些不善于完成交易的人

尽管如此，许多销售人员并不擅长成交。"我不想让人觉得我在喋喋不休""我突然提到钱的话，对方很反感"，很多人会这样想，不好意思提起成交，只是说"我们将再次联系您"。然而，这是个大错误。**完成交易是一种鼓励客户做出决定的服务。**

你是否曾站在客户的角度思考？当销售人员迟迟不提成交时，客户**对销售人员会"感觉不到诚意"。**

关于如何完成交易，我已在前文中进行了说明。

请一定要尝试一下。

 如果及时完成交易，就可以避免无效的访问。

192

05 不要把"电车晚点"作为迟到的借口

你可以控制时间，但不能避免意外。

所以，你必须设想可能出现的意外，并相应地开展工作。

🏆 看到排队领取"延迟证书"的队伍后的想法

如果你在市中心工作的话，会发现电车常常会晚点。

那个时候，总会看到这样的景象。

上班族为了拿到"延迟证明书"在检票口排队的样子。

当然，你应该得到"延迟证明书"。

但是，我可以说一点过分的话吗？

你是不是觉得迟到也没关系？

销售人员需要节约客户的时间，所以不管你拿到多少"延迟证明书"，迟到都是迟到，你必然会造成麻烦。

专业的销售人员每天都在这样的紧张感中度过。

销售中的时间管理，绝对不能依赖"延迟证明书"。

这样想吧。

你必须努力制订一个时间表，让你有足够的时间去赴约。

如果可能的话，**最好是提前二三十分钟到你要去的地方附近。**

另外，为了以防万一，你要准备多个出行方案。有其他的电车路线吗？紧急情况下能叫出租车吗？我自己也一直在努力思考这方面的问题。

让我告诉你一个实际发生的故事。

我和客户约好在新大阪站商谈。

我坐阪急电车[①]去的，途中发生了地震。电车在上新庄（京都站和新大阪站之间）停了。

如果跑步过去的话要花 40 分钟。我别无选择，只能穿着西装沿着河边跑到新大阪。

虽然因为对方有事无法赴约，商谈最后还是延期了。但由于我考虑到了意外情况而提前一个小时出发，所以当时能够按时到达。

🏆 问题总会突然发生

我不希望你看完上面的故事后觉得"好厉害"，而是应该觉得"如果是销售人员的话，这是应该的吧"。

销售人员的时间管理就是这样的。

[①] 阪急电车的全称为"阪神急行电铁"，是连接大阪、神户、京都三个城市的日本关西地区的最大私有铁路。——编者注

因此，请这样考虑。"电车会晚点""公共汽车会堵车""出租车是叫不到的""信号灯总是红的""突然下雨""地震什么时候来都不奇怪"……

而且，线上销售也是这样。

"网络总是信号不好""在线工具会不定时更新，第二天早上可能就不好用了""收到的网址打不开"……

考虑到这些，你不觉得你应该留出空间吗？

这就是销售的标准。

当然，因为我们是人，所以有时会犯错，不可能做到完美。

我也有不顺利的时候。

但你应该尽可能多地考虑这个问题。请记住，这才是销售的基本态度。

 别忘了，销售人员要为客户节约时间。

06 金牌销售人员不会用"马上就去"来回复

马上赶到是很棒的，每个人都想这样做。

但是，这也有风险。

🏆 说"我马上来"的销售人员的悲剧

客户问"您什么时候来"，你会怎么做？

你是否回应说"好的，我马上来"？

新人时候的我就是这样。

但是，如果这样做的话，就会因服务客户而到处奔走，使得出行时间变长，让我们很难找到时间来跟进其他客户。

预约客户的最重要的是尽量缩短"服务距离"。

当然，根据客户的情况，灵活应对是大前提。

即使如此，也请你在可能的范围内进行调整。

图 6-3 是我一天的日程安排。

上午，我在新潟。从中午开始，我来到了东京，连续进行了三次商谈。

不是因为偶然幸运，而是因为我和客户商量后，才变成这样的。

得益于此，每次出行时间都在 10 分钟以内。我在 2.5 小时中就谈了 3 笔生意。

预约客户时，最重要的是确定时间

时间	星期五
8:00	
8:30	培训（新潟）
9:00	
9:30	
10:00	
10:30	
11:00	
11:30	
12:00	
12:30	前往东京
13:00	
13:30	撰写图书（出行途中）
14:00	
14:30	
15:00	下午 2 点 50 分抵达东京
15:30	商谈（东京大手町）
16:00	
16:30	商谈（东京神田）
17:00	
17:30	商谈（东京秋叶原）
18:00	
18:30	
19:00	健身房（东京品川）
19:30	
20:00	

在 2.5 小时内进行 3 次商谈

图 6-3　规划日程提高商谈效率

🏆 如何协调预约时间

跟客户谈时间需要一些技巧。

197

如果你不认真地传达要求的话，可能会被客户讨厌。

当然，你也不能向客户提出不合理的要求。

这种情况下，你可以使用 DESC 法。

所谓 DESC 法，是指关怀对方感情的说话方法。

如图6-4所示，按照D（描述）→E（说明）→S（提议）→

记住 DESC 法，就可以在谈话时关怀客户		
描述	只需告知实际情况	非常感谢您。我也想马上就去拜访您，但本周我的时间很紧张，非常抱歉。
说明	表明你的观点	因为是难得的机会，所以我想和您好好聊一聊。
提议	提议	如果您不介意的话，下周一晚上或周二上午您是否有时间?
让客户选择	让对方尽快决定	当然，我想您也有自己的意向和时间安排。希望您能告诉我您期望商谈的时间。

图 6-4　使用 DESC 法协调时间

C（选择）的流程进行协商。

无论通过电话还是邮件，DESC 法都是有效的。

刚开始你可能不习惯，可能会觉得生硬，但很快就会习惯。

请你一定要试一试。

铁则是："预约客户一定要定下时间来！"

 充分理解"我马上来"这句话的副作用吧！

07 线上销售变得理所当然，商谈场所无处不在

> "出行途中也可以吗？"能说出这句话的销售人员是最强的。

🏆 你在哪里已经不重要了

我在前面提到，服务距离应保持在最低限度。

接下来，我们将告诉你如何充分利用出行时间。

可以说现在线上销售已经充分获得了大家的认可。

即使如此，如果你认为所有事情都可以线上解决，也想得太单纯了。

今后的销售都是混合型，追求效率化是一个聪明的选择。

有效地区分应用"线下"和"线上"，这是最好的选择。

特别是在出行中可以使用"线上"的话，效率会一下子提高。

而且它不仅使你受益，也使你的客户受益。

请看图6–5，这是我和客户进行线上会议的情景。

图6-5　在站台与客户商谈

　　这是我在回家的路上，在换乘车站的站台进行商谈时的情形。虽然在出行途中，但是周围几乎没有人，我们就这样在线上商谈了 20 分钟。

　　这并不是偶然的。我之前就发现了这个地方，并想"如果是这个地方的话，可以进行在线会议"。

　　我希望你已经意识到，你不必非要寻找一个工作场所，你可以在任何有网络的地方进行商谈。

　　请以"也许我可以在这里进行在线商谈"的观点，眺望一下平时的街道。你会发现可以进行商谈的地方意外的多。

🏆 尝试一下出行途中的在线商谈

　　我被一个客户打动了，他是一家大公司的执行董事。

他曾是一名金牌销售主管，是一个非常讨人喜欢的人。

因为有一段时间没有见到他了，所以我联系了他，想问候一下他，他回答说："出行途中也可以吗？"

他非常忙碌，所以他能够回复我，我很感动。但令人吃惊的是，当时我听到"咣"的一声，于是我问他在哪里，原来他在新干线的车厢连接处与我在线交谈。

我从来没有像这样感动过。

我感觉自己看到了他的"时间管理精髓"。

- 等待列车的时间

- 乘坐出租车的时间

- 在咖啡馆里

有许多意想不到的场合，你都可以进行商谈。

为什么不在你的出行时间里尝试一次在线商谈呢？

有些人可能认为这有点不体面。

确实在这些地方开始商谈也需要一点勇气。

当然，这也是一种喜好，但作为一名销售人员，你要做出最好的选择，这样你就不会失去客户和销售机会。

这确实需要一点勇气。但比起"面子"，我们更应该从"利益"角度来判断。

08 金牌销售人员不会让"3 周后"的日程空白

有两句能干的商务人士绝对不会说的台词。

一句是"看起来很难……"一句是"我很忙……"

🏆 为什么"非常重要的任务"会被搁置

我们在谈论时间管理的时候，经常会说以下的话。

"真正需要完成的是'重要性高、紧迫性低'的任务，所以不要搁置它们。"

但是，即使我们脑子里明白，实行起来也不会那么简单，导致这句话往往会变成一个空话。

尤其销售是一个经常不按计划进行的职业。

客户的紧急委托、公司内部的紧急确认以及其他突发任务都会占用你大量的时间。**不能做自己想做的事，对销售人员来说是个问题。**

因此，我有一个建议。你可以试一试。

仅仅这样，就能一次性解决这些问题。

请试着保证至少填满"3 周后的计划"。

具体来说，就是将"你认为重要的工作"放入你的日程表。

你可以把很多事情放进去。突发的工作就放在日程表中间的空隙里。

"等我有空的时候再做"无疑会成为一句空话。

相反，你应该先设定一个"我在这个时间做这件事"的时间表。

在时间管理中重要的是"日程表不会来找你，而是你自己制订"。 管理时间就是这么回事。

在本书中，我们已经解释了制订自己的计划的重要性，计划的时间段是 3 周。

"后 3 周的日程都满了意味着你自己为自己做好了安排。"

你可以把它看成是一个晴雨表。

🏆 再忙也不往后推的方法

通过下面的方法，我能够不再推迟自己"真正应该做的事"。

做起来很简单。只有两个步骤。

请你想象一下未来 3 个月的情况。然后，做以下两步。

【步骤 1】列出"想做的事情"的清单

【步骤 2】把它们作为"安排"写在你的日程表里

仅此而已。你可能会觉得很失望，但仅此一点，将极大地改变你安排时间的方式。你一定能摆脱被时间追赶的生活，得到"超越时间的生活"。

例如"与客户的上级人员联系以进行信息沟通""给客

户交货后，在这个时机打电话进行跟进和感谢""在客户特殊的日子，试着打电话或发邮件（公司成立纪念日、客户生日、新人进公司的日子等）"。

"那个客户的汽车行驶距离，这个时期可能会突破 4 万千米，所以打一个电话问问情况吧（汽车销售的情况）"。

"我们应该在每年的这个时候更新客户的数据"。

通过简单地安排那些**"你认为需要做，却容易被推迟的任务"**，你将能够确保它们得到执行。

仔细想想，销售人员应该是一直在"忙"。

这种"忙碌"永远不会变成空闲时间。

如果是这样的话，**即使很忙也不要把应该做的事情"往后推"。**

这才是销售人员应该实践的时间管理。

"等我有功夫的时候……"是不行的。你要主动把它提上日程。

09 金牌销售人员不在办公室处理邮件

销售人员不考虑身边的情况而"马上就去"见客户
是不行的，但是销售人员还是需要与客户面谈。因此，
销售人员需要决定优先顺序，不要浪费哪怕一分钟
的时间。

🏆 加快电子邮件的回复速度的"小技巧"

这么说可能有点过分，但我觉得**"外勤的销售人员如果
在办公室发邮件，他们就输了"**。

这涉及两个问题。

- 在纯销售时间内，我们是否在做文书工作
- 我们是否充分利用了自己的空闲时间

当然，在外面回复所有的邮件有一定的难度。

但是，如果你是一个外勤销售人员，你需要有这样的态度：
不要认为在办公室里处理你的电子邮件是理所当然的。

如第三章所述，如今，**即使在出行途中，你也应该能够
在智能手机上使用语音输入来快速处理电子邮件；**即使你不
使用语音输入，也应该能够利用空闲时间使用智能手机或平

板电脑来回复。

顺便说一下，这也适用于你现在看到的这段文字的草稿。

这段话是我在品川的十字路口等交通信号灯的时候，用语音输入的。

如果你体验过这种速度感，你就会明白。

这能让我们不再拘泥于坐在电脑前，在办公室里回复电子邮件。

语音输入**确实大大提高了我的生产效率**，我要把它传播给更多的人。

🏆 语音输入很简单

不需要特别的应用程序，用你的智能手机马上就能完成。

你可以使用任何应用程序，我使用 Gmail 来输入我的电子邮件。

按住麦克风标记，然后开始说话就可以。请看图 6–6。

图6-6　使用手机完成语音输入

那么，我来介绍一下自己通过语音输入的文章。

山田先生：

承蒙关照。我是本色研究所的伊庭。

今天感谢您在百忙之中给了我这个机会！

这是因为我听到了大家对今后挑战的想法，感到热情澎湃。

如果我能帮上忙的话，请随时告诉我。

今后也请您继续多多关照。

本色研究所，伊庭

怎么样？我想你可以看到，甚至没有一个字符的转换是错误的。

这可以在短短的几十秒内完成，非常值得一试。

下面我介绍一些用语音输入符号的方法。

语音输入的应用范围非常广，请务必尝试一下。

 在出行途中或是空闲时间，使用手机的语音输入来回复邮件！

10 金牌销售人员用"逆向思维"考虑事情

只有大师才能不计时间追求完美，销售人员的工作并不这样。我们只会被说工作慢。

🏆 花了半天时间准备报告的销售人员

有一次，我在一家公司培训员工时，他们的销售人员向我征求意见。

他说："文书工作很多，很难有时间去探访客户。"

老实说，我想说的是，我们应该取消文书工作。

但是，一个销售人员要改变公司结构并不容易。

这种情况下，作为销售有应该做的事情。

那就是**作为自我防卫手段，我们要提高我们的任务处理能力。**

你应该做的第一件事是这样。

在开始每项任务之前，要确定每项任务的"所需时间"。

你可能认为这也太理所应当了。

然而，意外的是，很多销售人员没能做到这一点。

因为销售人员的任务像洪水一样涌来，所以我们被迫开始处理任务。

销售人员需要将所有任务列成一个待办事项清单，如图 6-7 所示。

正确方法是为每个任务设置所需时间

⭕ 时间内完成

❌ 做到满意为止

任务	所需时间
** 学校的致辞	1.5 小时
** 客户　调查	0.5 小时
** 客户　调查、准备	1 小时
** 客户　问卷分析	3 小时
** 客户　框架制作（九州地区）	1 小时
着陆页数据分析　问卷分析	3 小时
** 客户　投影资料	2 小时
订购模造纸	0.5 小时

好的，无论如何，客户的准备工作应该在 30 分钟内完成。

图 6-7　为每个任务设置所需时间

刚才那个向我咨询的销售人员也是如此。他告诉我"我发现我在做每项任务时都没有设定最后期限，所以花费的时间比我想象的要长"。

他还说，还有一次他花了一上午时间准备公司内要提交的报告。我知道我不能做得马虎，所以一直做到自己满意为止。

这个销售人员的问题是"他没有设定所需时间"。

然而，销售人员的工作并不是这样。

我们需要去做的事情不一样。

对销售人员的要求是速度。

在此基础上，**建议你结合每个任务所需的时间进行练习。**

🏆 制定商谈的时间表

闲谈的时间太长了，等注意到的时候，时间已经到了。

你聊得忘乎所以，在你意识到之前，2 小时已经过去了。

这也是由于没有设置时间限制造成的。

商谈的时候，请分成四部分考虑。

（1）融洽：通过闲谈来热场（5~10 分钟）。

（2）倾听：询问情况和问题（10~20 分钟）。

（3）建议：提出假想的建议（20~30 分钟）。

（4）完成交易：签署协议进行下一步的确认（5~10 分钟）。

当然，这将根据商业产品的不同而略有不同。

重要的是为你的商谈制定一个标准时间。

这将帮助你避免冗长的闲聊和无法达成交易的情况。

 在着手某件事时，先决定所需时间。

第7章

"销售不顺利时"的
实际应对方法

01 与负责人相处不顺利时的应对方法

如果一个喜剧演员没能逗笑观众，就说"今天的客户不好"，他就很难再有所成长。

在销售方面也是如此，不要觉得这是"客户的错"。

🏆 不是看他们的"为人"，而是看他们的"作用"

当你从事销售工作时，你总会碰到一些话不投机的客户。

当然，我也碰到过。

- 一忙起来心情就不好，容易发脾气的客户
- 想把自己的错误归咎于销售人员的客户
- 无心工作的负责人

这些都还算比较好，甚至有些客户在我看来人格都存在问题。

相信你也碰到过这样的人。

但这并不意味着你可以随便挑选你的客户来进行销售。

没关系的。

不要看他们的"为人"，而是看他们的"作用"。

你可能不能容忍他，对吧？

那如果你只是从"作用"的角度来看，你会过得轻松很多。

这听起来可能很荒谬，但效果出奇地好。

"今天客户看起来心情不太好，稍微有点难办了，但这是我的工作，就只是把他当作'发挥作用的负责人而已'来想就可以了。"

你可能会觉得这样说不合适。

但我想凡是从事过销售工作的人，都会有同感吧。

有人也说过类似的话。

他就是普利司通公司（Bridgestone）的前首席执行官荒川诏四。

在他的《领导者心腹》一书中，有如下的话。

- 假设你遇不到"投缘的上司"
- 将上司视为"机关"，而不是"人"
- 对上司的"负面感情"就这样放任不管就好了

这也是一种履行工作的职业态度。

不根据喜欢和不喜欢来工作，这也是一个重要的思路。

🏆 处不来是谁的错

请注意这一点。

如果你和客户相处得不好，这绝不是客户的错。

记住，这只是你自己的"臆想"。

当然，如果客户涉嫌犯罪的话，那就另当别论了。

不过这种概率非常小，所以可能只是你的喜好问题。

如果是这样的话，请这样想。

那些处不来的人是让你意识到你的"成长潜力"的人。

我们应该认为，和客户处不来完全是我们自身的应对能力不足。

当你以这种方式思考时，你对那些你认为"糟糕"的客户的看法也就会得到改善。

我在前面提到，我也有一个处不来的客户。

但在我接受这种思维方式后，精神压力减少了很多。

当从事销售工作时，我会觉得有些人不可理喻。

但我现在能够用微笑来应对这样的人。

我觉得，销售是一个能提高你人际交往能力的职业。

当客户的行为让你很不舒适的时候，其实也是一个让你成长的机会。

**处不来的客户，是一个提高自己的
机会。**

02 当你很难提高业绩时的应对方法

人在擅长的领域会如鱼得水。只要你在自己擅长的领域努力工作，总会有机会的。人的一生中肯定会有好的时候和不好的时候。为这种事情发愁是没有意义的。[①]

🏆 改变"你要见的人"，一条新的道路会为你打开

当经济变得不景气的时候，达成销售目标会突然变得很困难，这种情况经常出现。

本田宗一郎也这么说："经济出现繁荣和萧条是理所应当的事情。如果钟摆向右摆动，下一次摆动就是向左。然后就会渐渐地好起来。"

因此，没有必要过度担心。

然而，你不能只是等待它渐渐变好。你仍然需要做出努力。

---

① 摘自《经济界》，《本田宗一郎的名言"与其说不景气，不如趁这个机会磨炼自己"》。

只有在因不可抗力而难以达成目标时，人们才会尝试"新的做法"。

我自己也对这一点深信不疑。

我经历了日本 20 世纪 90 年代泡沫经济破灭，2000 年信息技术泡沫破灭，2008 年雷曼事件①的冲击，2020 年新冠疫情的冲击，这些冲击都是突如其来的。

回顾过去，我觉得不管怎么想，在不景气的时候做的事，都比在景气好的时候做的事，更有建设性，更能联系到下一次的成长。

如果你正处于经济不景气时期，看不到未来的路的话，请这样考虑：现在正是你发展"属于你的新做事方式"的时候。

而且在销售方面，你需要做的很简单，那就是改变"你要见的人"。这往往是取得突破性进展的地方。

如果你是面向企业销售，你应该和经营者见面，而不是负责人。

这样一来，预算的限制就不会那么严格。

那么你应该怎么做呢？

我们先来看一下对公销售的情况。

我们应该见的是那种"着眼于未来的人"，也就是公司

---

① 雷曼事件发生于 2008 年，美国第四大投资银行雷曼兄弟由于投资失利，在谈判收购失败后宣布申请破产保护，引发了全球金融海啸。——译者注

的经营者。

经营者会认为，经济一定会迎来恢复的一天。

而且经营者想趁着现在不景气的时候做好准备。

我目前从事的培训业务也是如此。在新冠疫情的冲击下，经济处于低谷，但当我与经营者交谈时，他们往往认为现在正是做培训的时候，而我自己也没有遭受那么多的负面影响。

当然也可以选择现在仍然有需求的行业，向那些受到经济影响较小的公共机构进行销售。

如果你不分开访问，而是选择同时访问工会和团体的话，你可能会一下子得到很多合同。

对私销售也是如此。

在经济不景气的情况下，请客户推荐是最好的方式。

发展顺利的人，交际圈往往会有交集。

这也是售后跟踪很重要的原因之一。

你可能会感叹"你怎么能想出这个办法的"。

但这正是销售的乐趣所在。

当然，也有失败的例子。当我们与日本每个县的县政府联系时，我们被其工作人员告知他们需要两年时间考虑，实在太久了，结果我们付出的努力也付诸东流。

在成功的背后，经历一些以后可以作为话题来聊的失败，也是很有趣的。

这样的失败也是因为不景气才出现的？

如果经济蓬勃发展，这样的"乐趣"可能就不会出现。

在经济衰退时期,尝试改变你要见的人。

你会发现,身边的希望远比你想象的要多。

 当经济不景气时,销售活动变得更加"好玩"。改变你要见的人!

03 当你无暇进行销售活动时的应对方法

当你无暇进行销售活动时，你更应该与客户联系。
如果只在心里想想，你的"善意"是不可能传达给客户的。

🏆 切换成"慰问"

在发生地震灾害时是这样，在发生新冠疫情的时候也是这样。

我经常听到有人说，"在这样的时刻，去对客户销售，感觉对不起客户"。但我一直在告诉他们，情况并非如此，"现在正是你接触客户的时候，你应该去慰问客户"。

当发生灾害时，销售人员应该做的是"慰问客户"。

我们应该去关心客户是否安全，是否发生了令客户担心的事情。

当你处于客户的立场时，你就会明白这一点。

在灾难发生时，一个表示同情的电话是相当令人欣慰的，因为我们会感到自己被关心了，还有人想着自己。

因为是非常时期，客户可能不会下订单。

但客户永远不会忘记你在那个时候给他打了表示慰问的电话。

但许多销售人员总会在这种时候变得很拘谨很客气，甚至连电话都不打。

想象一下，这样的你在客户看来会是什么样子？

在客户眼里，你是否"只在能拿到合同时，才会打电话过来"？

即使你只是考虑到客户的情况，觉得不应该在现在去打扰客户。

在销售领域，这样的"客气"不会成为一种美德。

不仅仅是为了签单而联系客户，这才是你会被信任的原因。

这会为维护客户关系打下很好的基础。

🏆 超出想象的慰问效果

我之所以感觉到慰问的重要性，是因为我有过这样的经历。

那是在神户大地震①期间的事情了。

神户市的街道遭受了毁灭性的灾害，所有使用我们的招

---

① 神户大地震，又称阪神大地震，是指1995年1月17日上午5时46分（日本标准时间）发生在日本关西地区规模为里氏7.3级的地震灾害。因受灾范围以兵库县的神户市、淡路岛，以及神户至大阪间的都市为主而得名。——编者注

聘广告的公司都不得不停止营业。

一瞬间，大楼倒塌，店铺也变得看不出原样，铁路被封锁，房屋被毁。

许多销售机构被迫从神户撤出，在大阪进行整合。

但是在这种情况下，神户销售办事处的成员决定留在神户市。

他们表示"对客户的慰问探访还没有结束"。

他们把平时穿的西装换成了宽松的夹克服，把皮鞋换成了运动鞋，探访神户各地的所有客户的安全，看看他们能做些什么来帮助客户。

另外，他们还在失业者较多的避难场所，送去他们主编的包含招聘信息的工作杂志。

当然，这样的举动不会立马变成销售额。

但神户的复兴比我们想象的要快，两年后神户已经得到了一定程度的恢复。

现在，你觉得变成什么样了？

在短短的两年时间里，我们公司的市场份额由不足30%上升到80%以上。

这意味着客户对他们的努力进行了评价。

当然，这样的活动可能不是百分百正确的。

因为有一段时间完全没有生意。

但考虑到两年后的结果，你可以说，这绝不是一个错误。

怎么样？你是不是现在也明白了慰问的效果？

正是在大家都觉得"现在不是做销售的时候"时，销售人员才应该毫无保留地主动去接触客户。

销售人员不只是"卖东西"。当客户遇到困难时，能帮上忙的才是好的销售人员。

04 当你感到没有干劲时的应对方法

先有"干劲"，还是先有产生干劲的好成绩？

你觉得你是哪一种？如果你不知道这个的话，没有

"干劲"的时候就会很辛苦。

🏆 活用"进展法则"

销售和干劲是密不可分的。

你是否也遇到过事情不顺利，就没有干劲的时候？

别担心，没关系的。试试这个。

那就是"当你感到劳累或迷茫时，尝试接触 5 个客户"。

你可能认为这很过分。

当然这不是毅力论[1]。因为这是一个有根有据的方法，我才会告诉你。

你听说过"进展法则"吗？

这是由特雷莎·阿马比尔（Teresa Amabile）和史蒂文·克雷默（Steven Kramer）提出的。

---

[1] "毅力论"指只要有毅力，做什么都能成功。　　译者注

他们是组织研究和心理学方面的学者，也曾为《哈佛商业评论》撰稿。

内容是这样的[1]。

"谋求有意义的工作进展"是影响积极性的主要原因。

这是说比起取得了巨大的成果，只要你能感觉到你正在前进，感到事情有进展，哪怕是一点点，你就会更有"干劲"。

也就是说，成果往往并不是那么重要。即使没有得到结果，但你觉得有进展，也能提高干劲。

那么，为什么是接触 5 个客户呢？

如果接触 1 个客户的话，可能不会那么顺利；但如果接触 5 个客户的话，就更容易得到向客户提议的机会，也就更容易得到客户正向回复。

然后，客户的正向回复会给你一种你有所进展的感觉。

我也是这样，特别是在我刚开始做销售的时候。每隔两三周我就会有感到没有干劲的时候。

但正是在这样的时候，我才会逼着自己去接触 5 个客户，令人不可思议的是，这么做经常会碰到很多正向答复，让我时常感到幸亏我做了。

就在这样的反复过程中，"接触 5 个客户"激励了我。

---

[1] 资料来源：《哈佛商业评论》（钻石社）。

🏆 比起一件"大喜事"，多件"小喜事"会更好

心理学家丹尼尔·吉尔伯特（Daniel Gilbert）指出："每天都会发生十几次微不足道的好事的人，比起只发生一次真正令人吃惊的美好事情的人，幸福的可能性更高。"[①]

此外，他也这样说："我们倾向于想象一两个大事件会产生深远的影响，但幸福是无数个小事件的总和。"

我不只是探访客户，我还准备了"客户可能会欣赏的策略"。

具体而言，我带来了我认为客户可能感兴趣的"销售工具"。

我会和客户说："我准备了一些材料，可能对您有用。如果您觉得可以的话，我就在附近，想把这些资料交给您。您意下如何？"

每次探访客户时，客户都会跟你说"谢谢"的话，客户也会开始觉得"我要不要多帮他一点"。

这可能是一件很小的事情，但当这种情况多次发生时，你的积极性就会逐渐提高。

当你感到没有动力时，为什么不试着做一些可能会得到客户"感谢"的事情呢？

[①] 资料来源：《哈佛商业评论》（钻石社）。

当你觉得没有干劲的时候，只需向前走一小步，那可能就会成为你的特效药。

05 当你陷入低谷时的应对方法

当事情进展不顺利时，我们再稍微努力一下就好了。
一个不同于前的飞跃往往近在咫尺。

🏆 低迷之后，定有飞跃在等着你

当你从事销售工作时，肯定会出现这样的情况，到目前为止明明赢得了很多合同，但是低迷还是会来到你身边。

所以，你没有必要悲观。

相反，现在应该把它看成是一个向前飞跃的机会。

低迷可能是由各种原因造成的，最有代表性的原因是"高原现象"，是指所谓的"成长的烦恼"。

人们不会一直以恒定的速度成长，因此低谷是生活中的一个正常部分。

你可能听说过"成长曲线"一词。一个人的成长如图 7–1 所示。

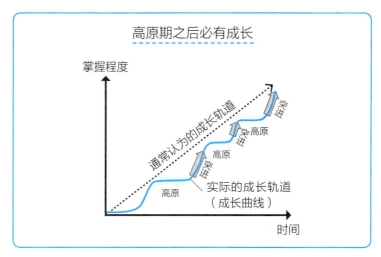

图 7-1　成长曲线

　　"高原"是成长曲线上的一个平缓增长期。如果你突破了这一点，你就会急剧上升。换句话说，这是一个静候飞跃的阶段。

　　当你处于低谷时很难有这样的感觉。这时候，请这样想，这是成长的必要过程，低谷其实正是成长的机会触手可及的时候。

🏆 走出低谷的第一步是什么

　　话虽如此，但这并不意味着你应该继续忍耐这份痛苦。

　　在这里我给大家介绍一下摆脱这份痛苦的方法。

　　请试着"下点小功夫"。

　　例如，你可以尝试改变你的衣服或发型，或者更换你的笔记本或笔。

当然，你也可以尝试改变销售话语或销售名单。

你可能会想，"有这么简单吗"。但通过改变一成不变的做法，我们可能会发现此前没有注意到的事情。

有这么一个有趣的故事。

据说活跃在美国职业棒球大联盟的铃木一朗也遇到过低谷。

在他的高原期，铃木一朗把他的制服换成了露出短袜的"旧版"制服。

当他在练习中，不经意地改变了这一点之后，他发现自己身体更好活动了，也更好跑动了，他感到非常震惊，说："为什么我没有意识到这么简单的事情？"[1]

我也有过这样的经历。

有一次，我做生意时没有打领带。

仅仅这一点就能走出一成不变的困境。

要想在不打领带的情况下赢得客户信任，你需要更加注意自己的姿势、走路的方式、指尖的动作，还有语言的选择。

现在，当你觉得自己处于低谷状态时，哪怕在想法层面也可以，试着从"下点小功夫"开始吧。

 要点！ 低迷是一个实现飞跃的机会。走出低谷的关键是"下点小功夫"。

---

[1] 资料来源：《无压力的思考术——如何摆脱高原期，当节食和学习变得停滞不前时》（入美贺直子）。

06　当你因压力无法入睡时的应对方法

"黎明前最黑暗"是电影中的名台词。但是，它的下一句"我向你保证，黎明一定会来的"却鲜为人知。

🏆 压力不可思议地总会变成一份"好的经历"

当你感到压力大，睡不着觉时，可以这样想。

这个压力不是通过努力就能治愈的，时间会解决这个问题。

如果你感到有压力，就做你必须做的事，尝试新的努力。你肯定会在某个时候从谷底爬起来，会觉得"那个时候虽然很辛苦，但是这份经验让我受益匪浅"。

这是我第一次承认，当我做销售经理时，有一段时间我感到了强大的压力，身心并没有处于最佳状态。

糟糕的是，我没有和任何人谈及此事，而是独自一人胡思乱想。

通常情况下，我是那种 5 秒就能睡着的人，但那时我整晚睡不着，以那样的状态去公司上班，有时甚至会下错车站。

也是在这个时候，我开始感到喉咙有异物感。

我去看了耳鼻喉科医生，被诊断为"过劳"。

我很担心，所以去了另一家医院，但诊断结果仍然是"过劳"。

我还去了心理治疗内科。诊断结果是："别担心，这只是疲劳，您只需要放松。"但我感觉我可能已经在危险的边缘了。

我相信现在有一些人可能正处于这种边缘，被逼得走投无路吧。

但根据我的经验，时间确实会治愈我们的，去做你必须做的事，没有什么困难是过不去的。

我后来意识到，有这样的经历真的很好。

此后，我自己也不再过度投身工作，工作变得真正有意思起来，我也变得更加宽容地对待其他人。从那时起已有十几年了，我的精神状态一直很好。虽然那段经历很短暂，但我深信，它成就了今天的我。

有过"痛苦经历"的人比那些一直顺利的人更有可能获得自我转变的机会。你烦恼的事情一定会成为你今后"飞跃的机会"。

销售工作似乎充满了压力——来自评估的压力，来自客户的压力，来自后辈的压力。

但我相信，这是一个让你有机会改变思维方式并抓住机会实现飞跃的职业。

当你感到有压力，变得很困难的时候，试着俯瞰自己。

07 当你完全看不到实现目标的可能性时的应对方法

目标未达成是令人不快的，但有"不好的未达成"和"好的未达成"。

"好的未达成"是什么样的呢? 将它弄清楚就能增加你的"干劲"。

🏆 绝对要做的两件事

我们都有过完全看不到实现目标可能性的时候。

你是否曾经感到没有"干劲"，脚步也变慢的时候?

有些人甚至可能开始认为他们不适合做销售。

如果你发现自己处于这种情况，为了不陷入进一步的恶性循环，你有两件应该做的事情。

【完全看不到成就时应该做的事】

（1）不执着于达成目标，自己决定要做到什么程度。

（2）为下一步做准备。

如果你做了这两件事，就没错了。

"达成100%的目标很困难，那我至少要达成90%的目标。"

"同时，我现在就要做准备，以便在下一阶段取得足够高的成就率，弥补我这次的损失。"

决定好了，剩下的只是坚持做应该做的事。你可以将损失控制在最小限度，还可以为下一次飞跃的机会做准备。

其实我自己也有这样的经历。

在我还是新人的时候，我感觉很难完成销售目标。当时，我做了一件事。

我想"开发新客户的目标是达到业务部第一。这样的话，销售达成率就会达到 90% 左右。在下一期，我将取得更高的达成率，然后弥补这一期的负值"。

换句话说，通过实现一年或半年的总成就，将当期的损失弥补回来，就不会对我们的评价造成影响。

最糟糕的事情是任由时间流逝而不去做这两件事。

这不仅会使你与目标渐行渐远，而且还会使你在下一阶段实现目标变得更加艰难。

决定做什么之后，不要犹豫，按部就班地做好每天的事情，这样我们可以很大程度地避免丧失动力。

🏆 比反省更重要的事情

当达成目标数据很艰难时，重要的是分析"为什么"。

但更重要的是，我们能描绘出理想的自己，即"什么时候，想变成什么样"。

有一个新的心理学领域叫作"积极心理学"。

这种心理学里，"人们不仅被自己的过去所推动，而且实际上发现自己被自己的未来愿景所驱动"[1]。

这就是为什么你应该先鲜明地描绘"未来愿景"。

这样的未来愿景越清晰，你就越容易被它所驱动。

"什么时候，对谁，做什么样的销售，得到了怎样的评价？并且取得了怎样的业绩呢？"你可以在你的想象中勾勒出这些场景。

我在做招聘广告推销员时就这样做了。

"从企业那里得到的理想评价是：如果拜托伊庭去做的话，一定会雇用到优秀的人。而且，客户会委托我为他们的员工开展学习会。我的业绩在相关领域里排名全日本第一。"

起初就像是妄想，但结果却真的变成了这样。

但这就是事情的真相。你会为了让你的未来愿景变为现实而开始努力工作。

反省很重要。但更重要的是，要鲜明地描绘"自己的未来"。

你是否能够成为金牌销售人员，更多地取决于你的意志。

 当达成目标金额很困难时，反省很重要，但更重要的是鲜明地描绘"未来愿景"。

---

[1] 资料来源：《哈佛商业评论》（钻石社）。